昭和～平成時代の名古屋鉄道 第3巻

常滑線・河和線・知多新線

服部重敬 著

協力：白井 昭、NPO法人名古屋レール・アーカイブス

南知多と犬山を結ぶ観光特急として、1984(昭和59)年に登場したパノラマDX(デラックス)が知多新線を内海に向かう。
1985.5.26　野間〜内海　Ha

昭和～平成時代の名古屋鉄道 第3巻
常滑線・河和線・知多新線

..... Contents

第1章 常滑線【神宮前～常滑間】・・・9
　常滑線小史・・10
　コラム　伊勢湾台風の襲来と復旧・・・・・・・・・・・・・・・・・・・・・・・・・・・・・・・・・・36

第2章 空港線【常滑～中部国際空港間】・・・・・・・・・・・・・・・・・・・・・・・・・・・・67
　空港線小史・・68

第3章 築港線【大江～東名古屋港間】・・・・・・・・・・・・・・・・・・・・・・・・・・・・・・・71
　築港線小史・・72
　コラム　潮見町線の機関車・・・82
　コラム　築港線通勤列車の客車・・・・・・・・・・・・・・・・・・・・・・・・・・・・・・・・・・・・84
　コラム　磁気浮上式鉄道「リニモ」の実験線・・・・・・・・・・・・・・・・・・・・・86

第4章 河和線【太田川～河和間】・・・・・・・・・・・・・・・・・・・・・・・・・・・・・・・・・・・・・87
　河和線小史・・88
　コラム　日本油脂専用鉄道・・・・・・・・・・・・・・・・・・・・・・・・・・・・・・・・・・・・・・・114

第5章 知多新線【富貴～内海間】・・・・・・・・・・・・・・・・・・・・・・・・・・・・・・・・・・127
　知多新線小史・・128
　コラム　内海開業の試運転列車・・・・・・・・・・・・・・・・・・・・・・・・・・・・・・・・・142

第6章 海水浴特急史・・143

第7章 名鉄高速電車変遷史-3・・・・・・・・・・・・・・・・・・・・・・・・・・・・・・・・・・159
　コラム　パノラマカーのアイディアの元となった
　　　　　イタリアの「セッテベロ」・・・・・・・・・・・・・・・・・・・・・・・・・・・・・・・・161

伊勢湾に沿って走る常滑線。かつては海沿いに長い区間を走っていたが、名古屋港の埋め立てにより、現在では海が見える区間はごく限られている。現在、西ノ口駅が移転された付近を走る3550系AL車。1982.1.28　西ノ口〜蒲池　Ha

本誌で紹介する路線

名古屋鉄道の路線一覧 1960(昭和35)年以降の運行路線

路線名	区間	営業キロ程(km) 鉄道	営業キロ程(km) 軌道	営業キロ程(km) 合計	廃止年月日
名古屋本線	豊橋～新岐阜	99.8		99.8	
	知立分岐点～三河知立	0.8		0.8	1984年4月1日廃止
東部線					
豊川線	国府～豊川稲荷		7.2	7.2	
岡崎市内線	岡崎駅前～岡崎井田		5.8	5.8	1962年6月17日廃止
福岡線	岡崎駅前～福岡町	2.4	0.1	2.5	1962年6月17日廃止
西尾線	新安城(今村)～吉良吉田	24.7		24.7	
安城支線	南安城～安城	1.1		1.1	1961年7月30日廃止
平坂支線	西尾～港前	4.5		4.5	1960年3月27日廃止
蒲郡線	吉良吉田～蒲郡	17.6		17.6	
三河線	吉良吉田(碧南)～西中金(猿投)	64.8 (39.8)		64.8 (39.8)	2004年4月1日 猿投～西中金、吉良吉田～碧南間廃止
挙母線	岡崎井田～上挙母	11.5		11.5	1973年3月4日廃止 (岡崎井田～大樹寺間 1962年6月17日廃止)
豊田線	梅坪～赤池	15.2		15.2	
常滑線	神宮前～常滑	29.3		29.3	
築港線	大江～東名古屋港	1.9 (1.5)		1.9 (1.5)	1990年11月25日短縮
空港線	常滑～中部国際空港	4.2		4.2	第三種鉄道事業者は中部国際空港連絡鉄道
河和線	太田川～河和	28.8		28.8	
知多新線	富貴～内海	13.9		13.9	
西部線					
犬山線	枇杷島分岐点～新鵜沼	26.8		26.8	
モノレール線	犬山遊園～動物園	1.2		1.2	2008年12月28日廃止
一宮線	岩倉～東一宮	7.1		7.1	1965年4月25日廃止
各務原線	新岐阜～新鵜沼	17.6		17.6	
広見線	犬山～御嵩	22.3		22.3	
八百津線	伏見口(明智)～八百津	7.3		7.3	2001年10月1日廃止
津島線	須ヶ口～津島	11.8		11.8	
尾西線	弥富～玉ノ井	30.9		30.9	
竹鼻線	笠松～大須(江吉良)	17 (10.3)		17 (10.3)	2001年10月1日 江吉良～大須間廃止
羽島線	江吉良～新羽島	1.3		1.3	
小牧線	上飯田～犬山	20.6		20.6	上飯田～味鋺間 第三種鉄道事業者は上飯田連絡線
岩倉支線	小牧～岩倉	5.5		5.5	1964年4月26日廃止
瀬戸線	堀川(栄町)～尾張瀬戸	21.8 (20.6)		21.8 (20.6)	1976年2月15日 堀川～東大手間廃止
岐阜地区					
岐阜市内線	岐阜駅前～長良北町		4.9	4.9	1988年6月1日(徹明町～長良北町間)、2005年4月1日廃止
岐阜市内支線	徹明町～忠節		2.8	2.8	2005年4月1日廃止
美濃町線	徹明町～美濃		24.8	24.8	1999年4月1日(関～美濃間)、2005年4月1日廃止
田神線	田神～競輪場前		1.4	1.4	2005年4月1日廃止
高富線	長良北町～高富	5.1		5.1	1960年4月22日廃止
鏡島線	千手堂～西鏡島	4.4		4.4	1964年10月4日廃止
揖斐線	忠節～本揖斐	18.3		18.3	2001年10月1日(黒野～本揖斐間)、2005年4月1日廃止
谷汲線	黒野～谷汲	11.2		11.2	2001年10月1日廃止

※( )内は2024年1月1日現在の路線長

名古屋鉄道の系譜

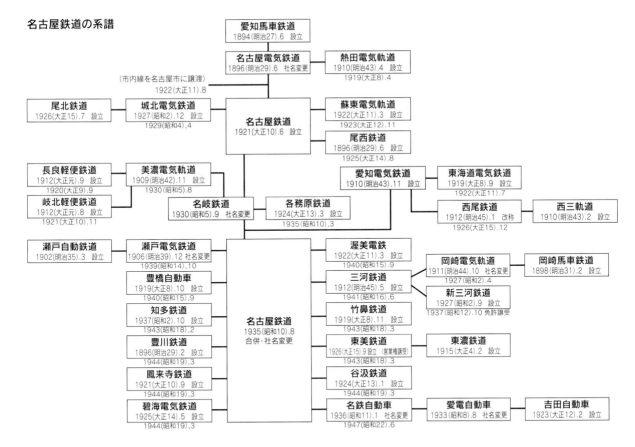

参考文献

名古屋鉄道社史　名古屋鉄道　1961(S36)年
名古屋鉄道百年史　名古屋鉄道　1994(H6)年6月
名鉄120年　近年20年のあゆみ　名古屋鉄道　2014(H26)年
名古屋港史建設編・港勢編　名港管理組合　1990(平成11)年
名古屋臨海鉄道25年史　名古屋臨海鉄道　1990(平成11)年
写真が語る名鉄80年　名古屋鉄道　1975(S50)年
この駅この町　沿線散歩・名鉄100駅　名古屋鉄道　1986(昭和61)年
地図で読み解く名鉄沿線　三才ブックス　NPO法人名古屋レール・アーカイブス　2021(R3)年
愛知の駅ものがたり　藤井　建　風媒社　2022(R4)年
日本鉄道旅行地図帳　7号　東海　今尾恵介　新潮社　2008(H20)年
日本鉄道旅行歴史地図帳　7号　東海　今尾恵介・原　武史　新潮社　2010(H22)年
名古屋鉄道車両史上・下巻　清水　武、田中義人　アルファ・ベータブックス　2019(H31,R1)年
名古屋鉄道の貨物輸送　清水　武、田中義人　フォト・パブリッシング　2021(R3)年
名古屋鉄道各駅停車　清水　武　洋泉社　2016(H28)年
鉄道車両データファイルNo.19　名鉄7000系　山田　司　ネコ・パブリッシング　2016(H28)年
改定新版　データブック　日本の私鉄　寺田裕一　ネコ・パブリッシング　2013(H25)年
指定券類図録(附：名古屋鉄道座席指定券)　久田　進・今枝憲治　1984(S59)
東海地方の鉄道敷設誌Ⅰ、Ⅱ、Ⅲ　井戸田弘　2008(H20)
名鉄社内報　れいめい　各誌　名古屋鉄道
名鉄ニュース各誌　名古屋鉄道
鉄道ファン　No.475　「魅力の雨宮製凸型電機が走った鉄道」山本智之　2000(H12)年11月
鉄道ファン　No.538,539　「知られざる名古屋港の名鉄貨物線Ⅰ、Ⅱ」白井　昭　2006(H18)年2月、3月
鉄道図書刊行会
鉄道ピクトリアル　No.370　名古屋鉄道特集　1979(S54)年12月
鉄道ピクトリアル　No.473　名古屋鉄道特集　1986(S61)年12月
鉄道ピクトリアル　No.624　名古屋鉄道特集　1996(H8)年7月
鉄道ピクトリアル　No.771　名古屋鉄道特集　2006(H18)年1月
鉄道ピクトリアル　No.812　名鉄パノラマカー　2008(H20)年12月
鉄道ピクトリアル　No.816　名古屋鉄道特集　2009(H21)年3月
鉄道ピクトリアル　No.969　名古屋鉄道2扉クロスシート車　2020(R2)2月
鉄道ピクトリアル・アーカイブス30　名古屋鉄道1960～70　鉄道図書刊行会　2015(H27)2月
鉄道ピクトリアル・アーカイブス31　名古屋鉄道1970～80　鉄道図書刊行会　2015(H27)6月
工芸ニュース第29巻6号「通勤車の展望・名鉄7000」荻原政男　丸善　1961(S36)6月
その他、名古屋鉄道時刻表、鉄道ピクトリアル、鉄道ファン、鉄道ジャーナル、Wikipedeiaの名鉄関連記事を参考にしました

はじめに

　1976（昭和51）年に名古屋鉄道に入社以来、沿線の鉄道風景を折々に触れ、撮影してきた。それら写真がかなり溜まったことから、機会を見て写真集としてまとめたいと思っていたが、なかなかその機会は訪れなかった。

　そうした中、NPO法人名古屋レール・アーカイブスで、会社の先輩でもある田中義人さんから、大井川鐵道の副社長を務められた大先輩の白井　昭さんのデジタル化した写真を見せていただいた。それらを見て、驚いた。極めてこまめに名古屋鉄道のさまざまなシーンを撮影しておられる。また、車両の形式中心の写真ばかりでなく、走行写真も多い。標準レンズによる撮影だが、情景を取り入れ、当時の様子が写し込まれている。自分が撮ったのと同じ場所で撮影した写真も少なくない。また、保存の大敵であるビネガーシンドロームにネガが冒されておらず、保存状態が極めて良いのもありがたかった。これらを自分が撮影した写真と比較できるように載せたら、名鉄沿線の時代の移り変わりを見比べることができるのではないか。

　そうした折に、フォト・パブリッシングの福原社長様から名鉄沿線の写真集を10分冊で出版しないか、とのご提案があった。白井さんの撮影は、主に1955（昭和30）年から1970（昭和45）年までの15年間で、小生の撮影が主に1976（昭和51）年以降なので、途中5年ほどの空白期間はあるものの、二人で70年近い期間の名鉄を記録していることになる。そこで、白井さんと小生の写真を組み合わせ、さらにNPO法人名古屋レール・アーカイブスが所蔵する故・倉知満孝さんが撮影された駅舎の写真を始めとする豊富な資料や写真などで、名鉄の歴史を線区毎に紹介することにした。

　車両面や貨物輸送については、清水　武さんや田中さんの既著「名古屋鉄道車両史上・下巻」や「名古屋鉄道の貨物輸送」があることから、本書では沿線写真に加え、それらの撮影に関連する車両の運行面の記録を中心にまとめることにした。加えて、これまで学会誌や雑誌等に発表した名古屋鉄道に関する研究記事も載せることで、内容を充実させたつもりである。沿線写真については駅を基準として、その付近の写真をまとめている。

　なお、本書をまとめるにあたり、NPO法人名古屋レール・アーカイブスの会員各位と澤田幸雄、寺澤秀樹氏にご助言をいただきました。誌上より厚くお礼を申し上げます。

写真撮影・資料所蔵略称

Is	稲見眞一	Kr	倉知満孝	Si	白井　昭
Sk	櫻井儀雄	Tk	田中義人	Ha	服部重敬
Hi	J.W.Higginz	Fu	藤井　建	Mz	水野茂生

特記なき写真・資料はNPO法人名古屋レール・アーカイブス所蔵

第1章
常滑線
【神宮前～常滑間29.3km】

　神宮前で分岐して知多半島の西岸を走る常滑線は、2005（平成17）年の中部国際空港（セントレア）の開業以来、空港アクセスを担う基幹路線となった。歴史的には、1935（昭和10）年の名古屋鉄道の設立にあたり、ひとつの核となった愛知電気鉄道の最初の開業路線である。空港線開業の頃から高架化や設備の改良が続き、ミュースカイや空港アクセス特急が120km/hで走行する。なお、本誌における上り線は神宮前方向、下り線は常滑方向の路線として使用している。

現在はほとんどの区間で埋め立てられてしまい、車窓から海が見られるのは新舞子南のこの付近だけとなってしまったが、かつては朝倉から大野町にかけて伊勢湾に沿って走り、夏の海水浴に多くの人が訪れた。現在も線路沿いに残る堤防跡にかつての様子が偲ばれる。
1983.4.2　3800系＋3550系　新舞子～大野町

常滑線小史

愛知電気鉄道の開業から名古屋鉄道の誕生まで

　知多半島は古くから海運業を中心に常滑の窯業、半田の醸造などの産業が発達し、かつて尾張藩に属していたことから名古屋とのつながりが強い地域である。名古屋との交通は、1886（明治19）年に東海岸に武豊線が開業したものの、西海岸は馬車や舟便があるだけで、鉄道の開通が望まれていた。1906（明治39）年に知多電気鉄道が出願されるが、内容不備で特許がおりず、鉄道事業の経験者を加えて知多電車軌道として1909（明治42）年に再出願された。1910（明治43）年4月の軽便鉄道法公布を受け、申請を軽便鉄道に切替え、9月に熱田東町（新宮坂・現在の神宮前駅付近）から常滑間の免許を得て、同年11月に愛知電気鉄道（以下、愛知電鉄または愛電）が設立された。社名は、将来の事業範囲を名古屋市および愛知県一帯に広げるという壮大な構想に由来する。

　当初の計画では鳴海、大高を経由して横須賀に至る内陸ルートだったが、遠回りになるため、常滑街道沿いに道徳、太田川を経由する短絡ルートに変更して建設を進めた。工事は順調に進み、1912（明治45）年2月18日に傳馬（のちの傳馬町）〜大野（のちの大野町）間23.3kmが単線で開業。翌1913（大正2）年3月に大野〜常滑間5.2kmが延長された。開業にあわせ、大野と古見を海水浴場として整備すると共に、潮湯治のための温浴場の設備がある大野を千鳥温泉として宣伝した。また、沿線の開発を目的に、1911（明治44）年4月には電気供給事業兼営の許可を受け、鉄道開業より一週間早く電気供給を開始している。以後、知多半島一帯に電気の供給を行い、大正中期には運輸部門より大きな利益をあげて鉄道事業の発展に大きく寄与することになる。

　知多電車軌道時代から名古屋市内への進出を目論んでいた同社は、1909（明治42）年11月には熱田東町（新宮坂）から名古屋市内へ12路線の軌道敷設特許を申請していた。しかし、市内線を運行する名古屋電気鉄道が名古屋市と報償契約を結んで他社の市内進出を阻んでいたことから、許可されなかった。そこで熱田東町（新宮坂）から新堀川沿いに料亭などの

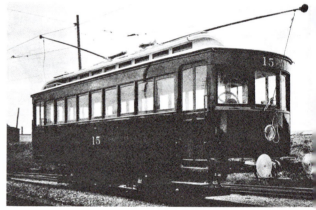

開業翌年の1913（大正2）年に6両が増備された電2形。電1形と同じ車体であるが出入口に扉がついた。
出典：絵はがき　所蔵：Fu

開業時の車両は電1形と呼ばれる車体長10.4mでマウンテンギブソンのラジアル台車を装備した2軸単車8両で、翌年までに同型の附1形附随車4両や電2形6両が増備されている。路線は全線単線で、神宮前〜常滑間を1時間29分かけて走り、40分毎の運転だった。開通当時の大野（後の大野町）駅と電1形5。
出典：絵はがき

あった東陽町（現在の中区矢場町東付近）への鉄道路線延伸を計画し、翌1913（大正2）年2月に東陽町線として有松町への有松線などと共に免許を得た。まずは熱田東町（新宮坂）に向けて路線を建設することとしたが、その間には東海道本線と熱田駅前に達する運河があり、それを乗り越す延長140mの跨線橋の建設には多額の費用と時間を要することになった。

　旅客のみならず、熱田で国鉄と連絡すれば、古くからの窯業の集積地である常滑で生産される土管など多くの貨物が期待できるため、愛知電鉄では工事を急いだ。まず開業年の1912（明治45）年8月に傳馬から秋葉前への0.4kmを延伸し、1913（大正2）年の跨線橋の竣工により、8月31日に神宮前まで開通した。国鉄熱田駅との間の貨車連絡線の開通に伴い10月25日に貨物営業を始めるとともに、12月5日には貨物連帯運輸を開始している。

　しかし、多額の建設費に加え、開通後にそれに見合う収益が上がらなかったことや経済界の不況もあって、業績は低迷した。この困難を打破するため、社長として迎えたのが福澤桃介である。当時、桃介は電気事業に関わり始めた直後で、九州の福博電気軌道の設立に関わった後、豊橋電気の経営再建を担い、名古屋電燈の買収で常務取締役となっていた。名古屋電燈では1914（大正3）年に社長に就任し、1921（大正10）年には大同電力を設立して、1924（大正13）年に大井ダムが竣工するなど木曽川の開発に携わり、後に「電力王」と呼ばれるようになる。桃介は愛知電鉄の経営を立て直すと共に、東陽町線の建設を見送り、有松の有力者の支援を得て有松線を建設することにして、1917（大正6）年5月8日に有松裏（現・有松）まで開業した。1914（大正3）年7月に第一次大戦が勃発すると、1916（大正5）年頃から大戦特需で景気が回復して旅客や貨物輸送も活発となり、1917（大正6）年下半期には配当もできるほど業績は改善した。

　1919（大正8）年10月に日長〜新舞子間で衝突事故をおこしたことを機に、設備の近代化が進められていく。安全性を高めるため、1920（大正9）年3月1日に電気通票器（タブレット）式および票券式による列車保安を実施した。当初から複線用地を確保していたことから10月4日開通の古見〜大野町間を最初に複線化を進め、1925（大正14）年6月19日の柴田〜名和村間の開通で傳馬町〜大野町間が複線となった。1921（大正10）年には初のボギー車として正面5枚窓の曲面スタイルで2重屋根の木造車である電3形6両、翌1922（大正12）年には同じ外観で車体長を15.1mに延長した電4形2両を増備している。いずれも制御方式は間接手動制御のHL式である。大型車両の導入や複線化により大幅な速度向上が可能になり、全線を58分で走行できるようになった。車庫は神宮前にあったが、1922（大正11）年6月には大田川（後の太田川）にも設けられた。

　1924（大正13）年1月15日には、大江で分岐して西六号（後の東名古屋港）までの貨物専用の築港線（1.9km）を開通している。

常滑線と知多鉄道路線図。知多鉄道は知多線と書かれている。
出典：愛知電鉄路線図　1931（昭和6）年頃

第1章 常滑線　11

愛知電鉄では利用者の増加を図るため、関西の鉄道会社にならって沿線開発を進めていく。嚆矢となったのが、経営難に陥っていた県下三大旅館と称される格式を誇る舞子館を経営する新舞子土地の合併で、1925(大正14)年から新舞子駅北の土地を高級住宅地の新舞子文化村「松浪園」として販売を始めた。「松浪園」では洋風文化住宅を建築し、駅舎もモダンな姿に改築した。住宅の購入者には特典として神宮前〜大野町間の3年間の無賃乗車証を贈り、住民用に神宮前まで常滑線初の優等列車である通勤用の急行を運転した。ここに居住した当時の社長であった藍川清成の通勤用でもあり、経営者のための通勤列車の定期運行は米国のインターアーバンをまねたものという。

1931(昭和6)年4月1日に高速電気鉄道として知多鉄道(後の河和線)が太田川〜成岩間15.8kmで開業した。半田への路線は開業直後の1912(大正元)年12月20日に免許を得て軌条も購入していたが、不況により着工できず、購入していた軌条も借入金返済のために売却するほどで、免許も失効していた。大正14(1925)年になると半田町や河和方面の名望家が電気鉄道を計画し、愛知電鉄へ指導・協力を求めてきたことから、愛知電鉄ではこれに参画して1927(昭和2)年に知多鉄道を設立。出資や技術的な援助を行った。開業後は経営を委託され、知多線として愛知電鉄のすべての車両で直通認可を得るなど、実質的には愛知電鉄の支線の扱いであった。知多鉄道の開業を控え、1929(昭和4)年1月18日には常滑線の架線電圧を600Vから1500Vに昇圧している。

神宮前駅は東海道本線の東側に位置していることから、西側に停留場があった名古屋市電への乗換に不便だった。そこで金山に至る市内乗入れ線として敷設が計画されていた東海道本線西側の熱田運河の埋め立てを行ない、1934(昭和9)年5月1日に駅舎を建築。乗客は新設した跨線橋をわたり、ホームに向かうようになった。

1932(昭和7)年10月には、水運との連絡を図って山崎川貨物駅を開設している。

名古屋鉄道の誕生から戦時下の輸送

1935(昭和10)年8月1日に愛知電気鉄道と名岐鉄道は合併し、名古屋鉄道が誕生した。常滑線は線名もそのままに引き継がれたが、知多鉄道は出資の関係から別会社のままであった。

1941(昭和16)年12月に太平洋戦争が勃発すると、名古屋南部の工業地帯への工具や貨物の輸送が激増した。しかし、貨車の授受設備は東側の神宮前駅の北側にしかなく、単線の跨線橋を渡る必要があった。そこで金山への延伸計画で1927(昭和2)年に得ていた路線免許を活用し、熱田運河の埋立地と東海道本線の西側に複線の線路を敷設し、西側にある駅舎の南に神宮前(西)駅として2面3線の櫛形ホームを設けた。西駅は1942(昭和17)年7月10日から使用を開始し、常滑線の列車はすべて西駅の発着となった。

1943(昭和18)年8月には名古屋港の七号地、八号地、九号地に敷設されていた愛知県の貨物専用線(県有鉄道)と接続して、名電築港から大江経由で国鉄熱田駅に名古屋港周辺の工場地帯からの貨物が継走されるようになり、輸送量はさらに増加した。また、大同前(後の大同町)から大同製鋼大江工場への引き込み線、豊田製鋼(現・愛知製鋼)との貨物連絡のため聚楽園駅の移転拡張などがおこなわれた。

1944(昭和19)年9月に新名古屋〜神宮前間の東西連絡線が開通すると、国鉄との貨車の授受を神宮前(東)駅の北側から神宮前(西)駅側に移設し、神宮前(西)駅の伝馬町側には貨物ヤードを設けて対応した。1943(昭和18)年2月1日には知多鉄道を合併し、太田川〜河和間28.8kmを知多線としている。

終戦後から名古屋臨海鉄道の開業による貨物輸送からの撤退

神宮前(西)駅の開設により、戦時下から終戦直後まで、常滑・河和線と名古屋本線とはまったく分離した運行を行っていた。東海道本線を跨ぐ跨線橋を使っての常滑線と名古屋本線の直通運転が再開されるのは1950(昭和25)年7月10日で、新岐阜〜神宮前間の昼間帯特急復活にあわせ、神宮前以南は河和行急行として定期運行され、復活した海水浴輸送に威力を発揮した。定期の直通列車は1951(昭和26)年10月7日のダイヤ改正で犬山線との間で増加し、新鵜沼〜河和間で1時間毎に直通急行が運転された。1954(昭

和29)年12月1日に新名古屋駅地上部に名鉄百貨店が開店すると、知多方面からの利便性を高めるため、同年11月15日から常滑・河和線列車の大部分が名古屋本線に直通運転するようになり、神宮前(西)駅の発着は朝・夕ラッシュ時の約半数の列車だけになった。直通列車の運行本数は43本から131本と大幅に増加し、これら列車は神宮前止まりが多かった犬山線の列車と結んで運転された。1955(昭和30)年12月16日には老朽化した精進川(新堀川)橋梁の架け替えと伝馬町信号場付近が高架化され、国道1号の踏切が除去された。

1959(昭和34)年9月26日に襲来した伊勢湾台風で、名古屋南部の常滑線は壊滅的な被害がもたらされた。特に神宮前〜聚楽園間は堤防の決壊で大江川橋梁が流失し、貯木場からの流木で駅や線路が埋められ、名和付近では線路が長期間にわたって水没するなど甚大な被害を受けた。大江川の橋脚を単線で架設し、名和付近では路盤や道床を構築し、古見〜新舞子間も片線のみの使用として単線で復旧したのは11月15日で、その間、道路が水没で運転できない間は横須賀港〜熱田・内田橋間を連絡船、道路の復旧後は聚楽園から鳴海までバスによる代行輸送をおこなった。復旧にあたっては、洪水対策で堤防が1.8m嵩上げされることから鉄橋が架け替えられることになり、1963(昭和38)年2月5日に仮復旧で単線運転をおこなっていた道徳〜大江間の山崎川、同年3月25日に大江〜大同町間の大江川、同年8月20日に柴田〜名和間の天白川が新橋梁になった。山崎川は仮線を設けて架け替えが行われたが、大江川は下流側、天白川は上流側に新橋梁が設けられたことから、前後の路線が付け替えられている。

開業以来、単線のままで輸送の隘路となっていた、神宮前(西)駅への路線が分かれる伝馬町信号場と神宮前(東)駅の間0.6kmは、1962(昭和37)年12月16日に神宮前跨線橋と名古屋ふそう陸橋のふたつの跨線橋が架けられて複線化された。27.8‰の勾配と半径100mの急曲線から20km/hに押さえられていた制限速度も、曲線が300mに緩和されて速度も60km/hに向上した。同時に伝馬町信号場と神宮前(西)駅の間は単線化され、翌1963(昭和38)年3月25日には神宮前(西)駅は使用廃止となり、全列車が名古屋本線に直通するようになった。神宮前の常滑線ホームは、熱田神宮遷宮祭に備え、1955(昭和30)年10月20日に90mの長さはそのままに幅が1.5m拡幅されていたが、跨線橋の複線化にあわせて6両に延伸されている。

残る区間の複線化もすすめられた。常滑線は1925(大正14)年までに傳馬町〜大野町間が複線化されていたが、1963(昭和38)年3月31日に大野町〜西ノ口間、翌64(昭和39)年2月27日に西ノ口〜多屋間が複線化され、残る多屋〜常滑間も1972(昭和47)年3月12日に複線化されている。

常滑線での定期の優等列車はながらく急行が最速列車であったが、1964(昭和39)年9月14日に河和線への直通列車が特急として運転され、新名古屋から河和まで45分で結んだ。1965(昭和40)年9月15日には常滑線に上り3本、下り2本の特急が新設され、同年12月15日には8.5往復に増発されて昼間時間帯はほぼ1時間に1本の運転となり、常滑から新名古屋まで39分で結んだ。1966(昭和41)年12月25日には常滑線太田川以南の特急は時間あたり1本の運転となり、1967(昭和42)年8月22日からは時間あたり2本に増発され、優等列車の時間あたり2本の運転は、1977(昭和52)年3月20日の特急の高速化、1982(昭和57)年3月21日の急行への変更を経て、2005(平成17)年の空港線開業まで続けられた。

一方、貨物列車は1965(昭和40)年8月の名古屋臨海鉄道の開業で、神宮前(西)駅を経由して国鉄熱田駅での貨車の授受は8月末限りで終了し、伝馬町信号場〜神宮前(西)駅間は廃止され、伝馬町ヤードなどの側線も撤去された。

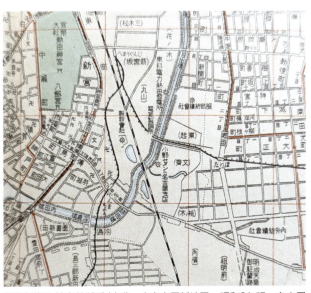

昭和初期の神宮前付近(出典:大名古屋新地図　昭和8年版　名古屋新聞調査部編)　所蔵：ls

第1章 常滑線　13

神宮前駅の改良と高架化の進展

　昭和40年代の常滑線は、車両面ではパノラマカーの運転開始で快適性は高まったものの、肝心の線路や施設は戦前からのものがそのまま使われていて、枕木は木で37kg/mの10m軌条も残り、乗り心地は悪化していた。また、名古屋臨港鉄道開業後も、線内の常滑や聚楽園などに貨物輸送が残っていたが、1984（昭和59）年2月に国鉄が操車場で中継する方式を廃止し、拠点間直行方式に切り替えるのにあわせて前年の12月31日限りで廃止した。設備の老朽化や貨物廃止で遊休地が発生したことを受け、それを活かして昭和50年代以降になると施設面の改良が進められた。

　拠点となる神宮前駅は、長年にわたり、1934（昭和9）年に西口に建築された駅舎や東海道本線を跨ぐ跨線橋が使われていた。老朽化が激しいことから、東口に建設される現業部門が入居するビルとあわせて橋上駅化することになり、1978（昭和53）年12月3日に橋上駅、翌1979（昭和54）年11月10日に東海道本線を跨ぐ新跨線橋が開通し、西口駅舎の出改札業務が廃止された。また、名古屋本線との間には国鉄との貨車の授受につかわれた渡り線があったが、それが不要になったため、1984（昭和59）年8月26日に名古屋本線と常滑線の線別であったホームを方向別に変更する配線変更工事が行われ、ホームも8両化されている。1983（昭和58）年9月1日に西ビルが完成し、名鉄神宮前百貨店（後のパレ・マルシェ／現在は跡地にあつたnagAya）が開店した。

　高架化は1982（昭和57）年9月26日に朝倉駅の前後1.2kmで実施されたのが最初で、1984（昭和59）年11月3日には神宮前〜大江間2.3km、1992（平成4）年11月22日には尾張横須賀付近2kmで実施された。

　高速化へ必要な待避設備については上り線の聚楽園にあるだけで、河和線との分岐駅である太田川は2面2線ではあるものの、下りの常滑方面と河和線からの上り方面は待避ができず、かろうじて河和線の優等列車から常滑方面の普通列車と、河和線から来た普通列車から常滑方面からきた優等列車とが接続をとることができる程度だった。また、大江の上り方面も待避は可能だが、3番線は築港線に使用していた。このため、まず1978（昭和53）年7月13日に聚楽園に下り待避線が設けられている。

　常滑の旅客扱いのホームは4両編成が停まれる1本だけで、あとは貨物用の側線が広がっていたが、貨物営業の廃止とよってその場所を転用して、1982（昭

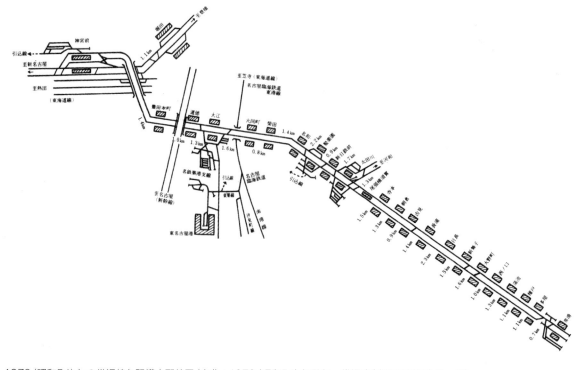

1979（昭和54）年の常滑線各駅構内配線図（出典：1979（昭和54）年発行　常滑市制25周年記念きっぷ）

和57)年12月21日に配線が変更され、ホームは6両編成対応の2面3線となった。これを受けて1983 (昭和58) 年3月18日のダイヤ改正で急行の時間短縮が行われた。さらに1987 (昭和62) 年3月27日には駅ビルが完成している。太田川は西側に車両の検車区があったが、統合により1985 (昭和60) 年に廃止されたため、ホーム幅の拡大、跨線橋の新設が行われ、1986 (昭和61) 年10月1日に竣工している。

　貨物の拠点であった大江駅は、最後まで貨物扱いの残った東名古屋港の業務を1985 (昭和60) 年12月16日に日本通運、貨車輸送業務を名古屋臨海鉄道に委託して貨物業務から撤退したことを受け、1990 (平成2) 年11月25日に築港線の専用ホームを設けると共に、東名古屋港の旅客駅から旧貨物駅までの間、0.4kmを廃止している。続いて下り副本線新設、車両留置線増設などの配線変更、跨線橋の改良を行い、翌91 (平成3) 年12月15日に竣工している。

空港線開業に伴う速度の向上

　1997 (平成9) 年12月に中部国際空港の建設が正式に決定され、また、2005年日本国際博覧会 (愛知万博) の開催が決定されると、愛知万博が開幕する2005 (平成17) 年3月が開港の目標となった。アクセス整備の方策として常滑線から空港に至る連絡鉄道施設を整備すると共に、常滑線を改良整備してスピードアップ及び輸送力増強を図る方針が打ち出された。空港アクセスについては、アクセス整備方策案が公表される7年前の1990 (平成2) 年5月に中部空港調査会が公表した基本構想の中で、名古屋から空港まで30分程度で結べる鉄道の整備が必要と明記されていた。しかし、常滑線は曲線が多い上に聚楽園より南に列車の待避設備がないため、高速度の優等列車の増発・運行には大きな制約があった。そこで1991 (平成3) 年8月に高速試験を行い、「線路強化、曲線改良、高性能車両の導入によるスピードアップ」、「待避線新設やホーム延伸等の駅改良、車両整備による輸送力増強」、「立体交差事業の推進、踏切道の整備、各種保安対策による安全性と確実性の向上」の3点を骨子として、1994 (平成6) 年から工事に着手した。

　改良工事で特に重視されたのは速度の向上で、曲線の改良と新型車両の開発が進められた。曲線の改良は、常滑線では半径1200m以下の曲線区間が全体の28％を占めていたことから、曲線半径を大きくするための工事が蒲池～榎戸間や朝倉～寺本間など11箇所で実施された。あわせて枕木のコンクリート化や軌条の重軌条化も進められた。新型車両の開発では、曲線の改良と車体傾斜機能をもつ車両の使用で曲線の走行速度を10～25km/h高めることを目標とした。待避設備の確保では、2004 (平成16) 年12月15日に西ノ口を移転して上下線に待避設備、車両留置の側線を設置した。

　中部国際空港への連絡鉄道である空港線は高架構造であり、さらに新空港へのアクセス道路である知多横断道路との立体交差のため、榎戸～常滑間1.7kmの高架化は不可欠だった。通常は仮線を設けて運行を継続しながら高架工事を進めるが、工期が限られる中で仮線を設けての工事は困難だった。そこで工期を短縮するため、榎戸～常滑間の列車運行を一時休止してバスによる代行輸送の実施で工事を進めることになり、バスとの乗換拠点となる榎戸駅の改良を行い、2002 (平成14) 年1月26日から電車代行バス輸送を開始した。工事は1年8ヶ月で終了し、2003 (平成15) 年10月4日に常滑駅は高架化され、鉄道による運行を再開した。諸工事の終了に伴い、2004 (平成16) 年10月16日に空港線は空港関係者を対象とする暫定輸送を開始し、翌2005 (平成17) 年1月29日に正式に開業した。

　空港線開業後も常滑線の改良は続き、2006 (平成18) 年7月1日には大江～名和間1.7km、2011 (平成23) 年12月17日には太田川駅前後の常滑線新日鉄前～尾張横須賀間2kmと河和線太田川～高横須賀間0.7kmが高架化され、太田川駅は平面交差を解消するため河和線の上り線を3階にあげ、2階を常滑線上下線と河和線下り線とする3層構造となった。

神宮前駅（常滑線）

　神宮前駅は、知多半島の西側に路線を建設し、名古屋市内への路線延伸を目論む愛知電気鉄道が、1913（大正2）年8月31日に東海道本線と熱田駅前に達する運河を跨ぎこす延長140mの跨線橋の建設により、秋葉前から0.6km路線を延伸して開業したのが始まりである。しかし、跨線橋の建設に多額の費用がかかったことなどから経営が厳しくなり、有力者の支援を得て有松線を建設することにして1917（大正6）年5月8日に有松裏（現・有松）まで開業した。以後、有松線は岡崎線、後に豊橋線として三河方面へ延伸され、1927（昭和2）年6月1日には吉田（豊橋）に達して愛知電気鉄道の基幹路線となっていく。

　神宮前の駅舎は東海道本線の東側に位置しており、西側に停留場のあった名古屋市電への乗換に不便なことから、1934（昭和9）年5月1日に西側に駅舎を建築。乗客は新設した跨線橋をわたり、ホームに向かうようになった。太平洋戦争が開戦すると名古屋南部の工業地帯への工具や貨物の輸送が激増したため、熱田運河の埋立地と東海道本線の西側に複線の線路を敷設し、駅舎の南側に神宮前（西）駅として2面3線の櫛形ホームを設け、1942（昭和17）年7月10日から使用を開始した。これに先立ち、同年1月31日

神宮前駅西口駅舎。1966.11.1　Kr

跨線橋を渡った東側にも改札口があった。
1973（昭和48）年頃

神宮前駅の変遷（作図：田中義人）

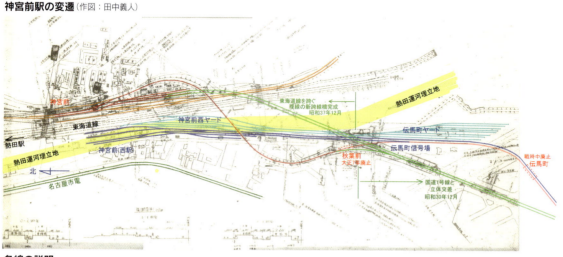

各線の説明
赤　線：1913（T2).8.31.に全通した常滑線（単線）
橙　線：1917（T6).3.19に、後の名古屋本線となる有松線（神宮前～有松裏）が開通
青　線：1942（S17).7.10に神宮前（西）駅～伝馬町0.6kmが複線開通
水色線：1944（S19).9に新名古屋～神宮前の東西連絡線が開通し、岐阜～豊橋の線路がつながる。国鉄（省線）との貨車の授受が、神宮前の北西部（図左）から神宮前（西）駅側に移転。
緑　線：1955（S30).12に国道1号との立体交差化が完成。
　　　　1962（S37).12に東海道本線を跨ぐ複線の新跨線橋が完成。単線の旧跨線橋（赤線）を廃止。

に東海道本線を跨ぐ跨線橋の改修で豊橋線神宮前〜堀田間を複線化している。

　常滑線の列車はすべて西駅の発着となり、国鉄（省線）との貨車の授受は神宮前（東）駅側の側線で行っていたことから、単線の跨線橋は貨物専用となった。さらに1943（昭和18）年8月から愛知県の貨物専用線（県有鉄道）との接続で貨物輸送量がさらに増加したことや、1944（昭和19）年9月の神宮前〜新名古屋間の東西連絡線の開通に伴い、神宮前（東）駅北にあった貨物用の側線が使用できなくなったことで、神宮前（西）駅の伝馬町側に貨物ヤードを設け、国鉄との貨車の授受を神宮前（西）駅側に移転している。

　神宮前（西）駅の開設により、戦時下から終戦直後まで常滑・河和線と名古屋本線とはまったく分離した運行を行っていたが、1950（昭和25）年7月10日に常滑線と名古屋本線の直通運転が再開された。さらに名鉄百貨店の開店を機に知多方面からの利便性を高めるため、1954（昭和29）年11月15日から常滑・河和線列車の大部分が名古屋本線に直通運転するようになり、神宮前（西）駅の発着は朝・夕ラッシュ時の約半数の列車だけになった。当時、常滑線用のホームは90mで、4両編成しか停まれず、幅も狭かったが、熱田神宮遷宮祭を控えた1955（昭和30）年10月20日にホーム幅を1.5m拡幅している。

　列車の運行本数が増えると、時間あたり上下で11本しか運転できない単線の跨線橋が隘路になった。

4両時代の常滑線ホーム。駅北側の日本車両等からの貨物があるため、常滑線ホームを経て名古屋本線や貨物用の側線につながる複雑な配線だった。　1957.7　Si

常滑線ホームは跨線橋が単線時代は4両編成しか停車できなかった。6両編成対応になるのは1962（昭和37）年12月16日の跨線橋複線化後である。　1958.1　Si

同地点の橋上駅化される前の常滑線ホーム。橋上駅化工事のため、ホームの上屋は撤去されている。出発するのは5200系モ5207ほかの河和線急行。　1978.6.15　Ha

このため、1962（昭和37）年12月16日に神宮前（西）駅への路線が分かれる伝馬町信号場と神宮前（東）駅677mの間に神宮前跨線橋と名古屋ふそう陸橋のふたつの跨線橋を架けて複線化するとともに、勾配と曲線の緩和を行った。複線化にあわせてホームは6両編成対応に延伸され、神宮前駅折返し列車に使われていた名古屋本線との間にあった3線の留置線は撤去されている。同時に伝馬町信号場と神宮前（西）駅の間は単線化され、翌63（昭和38）年3月25日には神宮前（西）駅は機能を停止し、全列車が名古屋本線に直通するようになった。また、貨物営業も1965（昭和40）年8月の名古屋臨海鉄道の開業で国鉄熱田駅での貨車の授受が8月末限りで終了したことをうけて、伝馬町信号場〜神宮前（西）駅間は9月3日に廃止され、伝馬町ヤードなどの側線も撤去された。

神宮前の駅舎や跨線橋は1934（昭和9）年に建設されたままであったが、老朽化により東口に建設される現業部門が入居するビルとあわせて橋上駅化することになり、1978（昭和53）年12月3日に橋上駅、翌79（昭和54）年11月10日に東海道本線を跨ぐ新跨線橋が開通し、西口駅舎の出改札業務が廃止された。また、貨物扱いの廃止に伴い国鉄との貨物の授受につかわれた亘り線が不要になったことから、1984（昭和59）年8月26日に名古屋本線と常滑線の線別であったホームを方向別に変更する配線変更工事がおこなわれ、その後8両化されている。この時、両線の間には高低差があったため、あらかじめ名古屋本線の線路の南側を常滑線の高さに嵩上げしている。1983（昭和58）年9月1日に西ビルが完成し、名鉄神宮前百貨店（後のパレ・マルシェ）が開店した。金山総合駅完成伴い、金山橋駅が移転したことを受けて、1990（平成2）年4月1日に神宮前〜金山間の複々線化が行われている。

2012（平成24）年4月27日には鉄道センタービルが完成し、鉄道現業部門や運転指令が駅東口ビルから移転した。駅西口ビルは2021（令和3）年6月20日に商業施設が閉店し、建物は解体された。跡地には、2024（令和6）年9月に商業施設の「あつたnagAya」がオープンした。

空から見た神宮前駅。1955（昭和30）年頃（上左）と1983（昭和58）年7月（右）。東海道本線を跨ぐ単線の跨線橋は1962（昭和37）年12月16日に複線の跨線橋に切り替えられ、1984（昭和59）年8月26日には名古屋本線と常滑線の線別であったホームが方向別に配線変更が行われた。常滑・河和線用の西駅のあった場所には1983（昭和59）年9月1日に神宮前西ビルが建てられている。
左上　1955頃　右　1983.7　Ha

第１章 常滑線

橋上駅化された神宮前駅。常滑線と名古屋本線を結ぶ貨物用の渡り線があるため、当初ホーム長は6両であったが、1984(昭和59)年8月26日の線別ホームから方向線別ホームへの配線変更に伴い8両化されている。発車するのは7000系4連の内海行特急。
1983.1.29　Ha

方向別ホームに配線変更前の常滑線列車と名古屋本線列車。常滑線は5500系の河和行急行が発車し、5000系の新鵜沼行急行が到着する。名古屋本線にはAL車を車体更新した7300系と5500系が見える。
1978.6.15　　Ha

方向別ホームに配線変更後の同地点。このあと、8両編成対応のホームが整備される。
1984.10.10　Ha

単線時代の跨線橋に向かう大野町行の5500系。名古屋本線側に貨物の入れ換えや折返し列車に使用された連絡線が伸びている。
1961.8 Si

跨線橋が複線化された同地点を神宮前に到着する7500系の特急。2番線からはキハ8000系の特急「北アルプス」の回送列車が発車している。 1980.5.25 Ha

第1章 常滑線 21

■神宮前(西)駅

　神宮前(西)駅は、増大する常滑線の貨物に対し、輸送上の隘路となっていた単線の跨線橋を貨物主体の運行にするため、1942(昭和17)年7月10日から使用を開始した。跨線橋西の伝馬町信号場から複線で分岐する0.6kmの路線で、西口駅舎南に4両編成対応の2面3線のホームを設け、常滑線と名古屋本線の直通運転が再開される1950(昭和25)年7月10日の前日まで、常滑・河和線の全列車が発着した。1954(昭和29)年11月15日からは、神宮前(西)駅発着の列車は朝・夕ラッシュ時の約半数になった。

　1943(昭和18)年には貨物の増大と東西連絡線の建設のため、神宮前(東)駅で行われていた国鉄との貨物の授受が神宮前(西)駅側に移されることになり、跨線橋南側に伝馬町貨物ヤードが設けられている。

　1962(昭和37)年12月16日に跨線橋が複線化されると神宮前(西)駅に発着する定期の旅客列車はなくなり、翌63(昭和38)年3月25日に使用廃止となった。同時に伝馬町信号場と神宮前(西)駅の間は単線化されている。1965(昭和40)年8月の名古屋臨海鉄道の開業で国鉄熱田駅での貨車の授受が8月末限りで終了したことで、伝馬町信号場〜神宮前(西)駅間は廃止され、伝馬町貨物ヤードなどの側線も撤去された。

神宮前(東)駅からみた神宮前(西)駅(左側)。
1953　Si

神宮前(西)駅に停車中の3600系。名鉄合併後の1941(昭和16)年の製造であるが、愛電系の形式、車号であるモ3350系として竣工した。全長18.5mのクロスシート車で、東芝PB-2Aという電空油圧カム軸式多段制御器を採用し、窓上部のRなど、戦前の最優秀車として登場した当時の優美さを伝えていた。1960(昭和35)年からの重整備で、優美さは失われている。
1953　Si

神宮前(西)駅を発車する3850系。3850系は1951(昭和26)年に広窓、2扉、オールクロスシートで登場し、ロマンスカーとしてサーモンピンクとマルーンの優等列車のシンボルとなるツートンカラーに塗られた最初の車両である。
1957.7　Si

跨線橋南側にあった伝馬町貨物ヤード。愛知電鉄が1930(昭和5)年に製造した箱形車体の電気機関車であるデキ400形牽引の貨物列車が停車している。
1955.8　Si

神宮前(西)駅を発車して伝馬町信号場に向かうデキ501牽引の貨物列車。勾配をあがったところに伝馬町信号場があった。手前の2線は伝馬町貨物ヤードへの路線。デキ500形は1940(昭和15)年に上田電鉄から購入した川崎造船製の電気機関車で、電気機関車の中で最も力があったが、制動方式が異なることから1970(昭和45)年に岳南鉄道に譲渡された。
1957.12　Si

■神宮前跨線橋

　1962（昭和37）年12月16日に東海道本線をまたいで架橋された神宮前跨線橋により、伝馬町信号場と神宮前（東）駅0.6km間が複線化され、最大、時間あたり上下11本であった運行本数の制限はなくなり、27.8‰の勾配と半径100mの急曲線から20kn/hに押さえられていた制限速度も曲線が半径300mに緩和されて速度も60km/hに向上した。

神宮前跨線橋を渡るパノラマDX（デラックス）。1984（昭和59）年12月に7000系の機器を用いて製造されたハイデッカーの前面展望室付車両で、4本が製造され、1989（平成元）年に中間付随車をはさんで3両組成化されている。　1985.2.3　Ha

1984（昭和59）年8月26日に方向別に配線変更工事が行われ、その後、常滑線列車も8両編成が運行できるようになった。名古屋本線の上り線用だった2番線は常滑線上り線、4番線は名古屋本線上り線に転用されている。「リトルワールド」「日本ライン」の2つの名称を掲げた7045編成の特急が神宮前に到着し、6000系の常滑行急行が発車する。
1985.2.3　　Ha

神宮前跨線橋ですれ違う7500系。東海道本線には元修学旅行用の155系を先頭にした快速が走る。
1979.0918　Ha

■単線時代の神宮前跨線橋

　単線時代の跨線橋は、名古屋市内への進出を目論み、東海道本線と熱田駅前に達する運河を越えて、1913（大正2）年8月31日に開業した。貨物輸送量の増加に伴い跨線橋の改良が行われ、単線だった跨線橋下をくぐる豊橋線部分が複線に拡幅され、1942（昭和17）年1月31日に同線神宮前～堀田間が複線化されている。1962（昭和37）年12月16日に東海道本線をまたいで架橋された複線の神宮前跨線橋に切り替えられている。

新橋梁に切替直前の旧橋梁を走る3900系。
1962.11　Si

旧跨線橋を渡る元愛電電5形のデハ1040形を1948（昭和23）年に制御車化したク2040形を先頭に、元知多鉄道デハ910形のモ900形を連結したHL車の3連。
1958.6　Si

旧跨線橋と新跨線橋の切替地点となった伝馬町信号場。左に分かれる線路が旧跨線橋への路線で、直進する複線の線路が神宮前(西)駅への路線。さらにその先では新跨線橋の工事がおこなわれている。なお、伝馬町信号場付近は1955(昭和30)年12月16日に国道1号の立体交差化とあわせて高架化がおこなわれており、開業時とは状況が異なっている。1962.11　Si

神宮前(西)駅付近から東海道本線を越える跨線橋部分。跨線橋の前後には27.8‰の勾配と半径100mの急曲線があり、最高速度は20km/hに押さえられていた。1962.11　Si

旧跨線橋から見た伝馬町貨物ヤード。ヤードの南側は、国道1号に達していた。最終日の撮影。1965.8.31　Si

旧跨線橋から見た神宮前(東)駅と、かつて神宮前車庫が置かれていた名残の留置線。5000系が走るのが名古屋本線上り線で、分岐する線路は常滑線ホームにつながっている。神宮前止まりの列車に使われた留置線は、新跨線橋の建設により撤去された。1962.11　Si

旧跨線橋を渡る3850系4連　1957.5　Si

神宮前（西）駅と伝馬町貨物ヤードを結ぶ路線を跨ぎ越す3550系2連。1955.12　Si

■国道1号跨道橋

　国道1号をはさんで旧跨線橋から精進川（新堀川）にかけての約650mは、老朽化した精進川の橋梁の架け替えも含め、1955（昭和30）年12月16日に約80m西方に移設して立体交差化している。精進川橋梁の架け替えにあたっては単線運転を行うため、1953（昭和28）年11月11日に精進川（新堀川）南に一時的に浮島信号場が設けられたが、同年12月27日に廃止されている。

名古屋ふそう陸橋を越え、かつて伝馬町信号場があったあたりの築堤を走るデキ604＋デキ375牽引の貨物列車。国道1号を跨ぎ越すこの付近は、1955（昭和30）年12月に高架化されている。1976.12.7　Ha

国道1号との立体交差を走るデキ400形牽引の貨物列車。跨道橋の向こうに伝馬町貨物ヤードが見える。1956.11　Si

豊田本町駅

　1957（昭和32）年2月20日開業と常滑線では新しい駅。新堀川（精進川）の南に位置し、1955（昭和30）年12月16日の国道1号の立体化を含む伝馬町付近の高架化の終了後に新設された。高架工事の完成により、下り線が1983（昭和58）年8月7日、上り線が1984（昭和59）年11月3日に高架化され、島式ホーム1面の高架駅となった。2004（平成16）年12月に駅集中管理システム導入で無人化された。

常滑線では比較的新しい開業の豊田本町駅。
1967.10.12　Kr

新幹線をアンダーパスするク2561-モ3505＋3850系。ク2561は11両が製造されたモ3550系の制御車であるク2550形であるが、モ3550形が10両に対して1両多かったことから、この頃はモ3500形3505と組成を組んでいた。
1981.5.30　Ha

新幹線をアンダーパスして常滑線を南に向かう7000系の特急「南知多」。1981.5.30　Ha

高架工事中の豊田本町駅。高架化前は4両ホームだった。
1981.9.8　Ha

道徳駅

　1912（明治45）年2月18日の常滑線開業にあわせて開設されたが、戦時下の1944（昭和19）年に休止となり、1945（昭和20）年5月17日に空襲で駅舎も焼失。1949（昭和24）年10月1日に復活した歴史を持つ。

　高架工事の完成により、下り線が1983（昭和58）年8月7日、上り線が1984（昭和59）年11月3日に高架駅となった。2005（平成17）年1月に駅集中管理システム導入で無人化された。

高架化前の道徳駅駅舎。
1967.10.12　Kr

1984（昭和59）年11月6日に高架化完成を記念して道徳駅で実施された発車式。Ha

高架化前の道徳駅の北を走る3900系の常滑行高速。3900系は3850系に続いて1952（昭和27）年に製造されたロマンスカーの増備車で、当初2両組成で登場し、翌年4両組成化されている。1981.5.30　Ha

伊勢湾台風後に架け替え工事が行われている山崎川橋梁。被災後、単線運転で仮復旧を行った後、仮線を設けて架け替えが行われ、1963（昭和38）年2月5日に新橋梁が竣工している。
1962　Si

大江駅

　1917（大正6）年5月10日に開業。当初は現在地より大同町寄りに位置していたが、名古屋港東側埋め立て地への工場誘致を図るため、1924（大正13）年1月15日の西六号（後の東名古屋港）への築港線開業にあわせ、現在地に移転している。以後、築港線の分岐駅として留置線も設けられ、貨物輸送の拠点となった。当時のホームは2面3線で、3番線は上り線の待避線としての機能もあったが、主に朝夕のみ運転される築港線への列車が発着した。1979（昭和54）年に跨線橋が設置されている。

　1985（昭和60）年12月16日に貨物営業から撤退したことを受けて全面的な改良が行われ、1990（平成2）年11月25日に築港線の専用ホームを設けると共に、下り待避線新設、車両留置線増設などの配線変更、跨線橋の改良を行い、翌91（平成3）年12月15日に完成している。これら改良により常滑線は上下線とも待避線のある2面4線となった。なお、ホームはカーブ上に位置しているため、カーブの緩やかな外側の1,3番線が本線となっている。5番線は築港線専用で、ホームへの通路に中間改札が設けられ、ここで東名古屋港駅の改札処理を行うようになった。2004（平成16）年12月15日に新駅舎が完成している。5番線は当初は3両編成対応であったが、4両運転開始に伴い、2009年（平成21年）10月3日に4両編成対応に延長するとともに、ホームの拡幅およびかさ上げが行われている。

　2005（平成17）年1月29日のダイヤ改正で、急行停車駅となった。

　築港線ホームの西側には、現在の愛知高速交通東部丘陵線（リニモ）で実用化された中部HSST開発の磁気浮上式鉄道HSST（High Speed Surface Transport）の大江実験線があったが、実験走行の終了で現在は撤去されている。

改築前の大江駅駅舎。2004（平成16）年12月に新駅舎に建て替えられている。1969.5.4　Kr

2面3線時代の大江駅。西側には築港線に続く貨物用の側線があった。1969.5.4　Kr

改良工事が行われて待避線の新設と築港線ホームが分離された大江駅を通過する6800系の御嵩行急行。6800系は6000系2両組成の増備車として制御器を界磁添加励磁として1987（昭和62）年に登場し、1992（平成4）年までに78両が製造された。1998.3.1　Ha

大江駅南を走る3800系モ3826-ク2826編成と留置線に停まるク2815ほか3連。3800系は戦後の車両不足に対応するため製造された運輸省の規格型車両で71両あった。3800系は昭和40年代に富山地方鉄道への譲渡や7300系に車体更新が行われるが、その中でこの2本のみがロングシートで緑塗色のまま残っていた。
1972.1.22　Ha

配線変更前の大江駅を通過する7000系の座席特急「しのじま」。当時の留置線は3本だった。
1976.11.22　Ha

留置線の増設や築港線ホームの設置など大改良された大江駅を通過する2200系。
2009.3.29　Ha

■築港線ホーム

　3番線は優等列車の待避に使われるときもあったが、朝夕は築港線ホームとして、東名古屋港に直通する列車や「ガチャ」と呼ばれた大江〜東名古屋港間の通勤列車が発着した。

3番線に停車中の3400系の東名古屋港直通列車。朝ラッシュ時には名古屋方面から東名古屋港への直通列車もあった。
1960.6　Si

3番線を発車する3790系。元東濃鉄道駄知線のモハ112-クハ212で、駄知線は1972（昭和47）年7月の豪雨により土岐川橋梁が流されたため全線運休となり、1974（昭和49）年10月に廃止されている。1975（昭和50）年6月に同編成を譲受し、モ3790形-ク2790形として、中間にク2815を組み込み3連で1985（昭和60）年2月11日まで使用された。
1981.5.9　Ha

3番線を発車するHL車3連時代の築港線通勤列車。この後、築港線線用ホームの新設や車両留置線の新設などが行われ、大きく変貌することになる。
1990.6　Ha

東名古屋港から大江に到着する築港線通勤列車。両端は電気機関車で、その間に動力を外した電車や気動車など、雑多な車両が客車として連結されていた。伊勢湾台風の前には築港線は複線の線路(ただし、戦後の運行は南側の片線のみ使用)があり、また、駅西側にはヤードが広がっていた。1959頃　Si

構内配線が大きく変更される前の同地点の3700系HL車の2連。3700系は主に1957～59年に旧型木造車の台車や電機品を再利用して全金属製の車体を製造した車体更新車である。後に留置線が増設される駅南側では、新造されるパノラマDXに機器を供給するため、廃車になった7000系中間車の7052,7054,7151,7153が留置されている。
1985.4.25　Ha

1990(平成2)年から翌年にかけて、築港線専用ホームや下り待避線新設、車両留置線増設などの配線変更、跨線橋の改良で、大江駅は大きく変貌した。デキ600形が牽引しているのは、豊田線100系の6両組成化に備えて製造された100系中間車。
1993.7.7　Ha

大同町駅

現在の大同特殊鋼の前身である大同製鋼星崎工場(1937(昭和12)年開設)への工具輸送のため、1940(昭和15)年5月31日に大同前として開業。1945(昭和20)年6月1日に防諜のため、駅名が大同町と改称されている。戦時下から貨物扱いをおこない、貨物側線が設けられていた時代もあった。

駅北側の大江川から柴田駅南側の天白川までの高架化により、2004(平成16)年12月18日に下り線、2006(平成18)年7月1日に上り線が高架化され、8両編成対応の相対式2面2線の高架駅となった。高架化にともない、駅舎が撤去されている。

駅周辺には大同大学と大同大学大同高校があって、工場への通勤車のみならず学生の利用者が多く、2008(平成20)年12月27日のダイヤ改正での準急設定にあわせて、準急停車駅となった。利用者が多いことから、駅集中管理システム導入後も早朝夜間を除いて駅員が配置されていたが、2022(令和4)年3月1日に終日無人化されている。

高架化直前の大同町駅舎　2001.12.24　Ha

伊勢湾台風で被災する前の大江川を渡る3550系モ3555-ク2555。伊勢湾台風で流失の後、単線で仮復旧をおこなった。洪水対策で堤防が1.8m嵩上げされることになり、1963(昭和38)年3月25日に下流側に新橋梁が竣工している。
1958.12　Si

大江川の鉄橋にかかるデキ600形牽引の築港線用3790系。1M2Tで非力なため、週に一度の検査の際は、検車区のある太田川まで電気機関車牽引で運行された。写真は3790系の築港線での使用が終わり、廃車のため、太田川への回送時。
1985.2.11　Ha

柴田駅

　名古屋市内最南の駅で、天白川を挟んで南側は東海市となる。

　1912(明治45)年2月18日の路線開業と同時に開設され、当初の駅名は星崎だった。有松裏への有松線開業に伴い本星崎駅が開設されたことから、1917(大正6)年3月7日に柴田に改称している。1977(昭和52)年に跨線橋が設けられ、ホームが6両に延伸された。1984(昭和59)年5月9日に駅舎が改築されている。

　大同町駅北の大江川から駅南側の天白川までの高架化により、2004(平成16)年12月18日に下り線、2006(平成18)年7月1日に上り線が高架化され、8両編成対応の相対式2面2線の高架駅となった。高架化に伴い、無人駅化されている。

改築前の柴田駅駅舎。1940(昭和15)年に堀田駅の駅舎を移築したといわれている。1969.5.4　Kr

跨線橋が設置された頃の柴田駅。名鉄としては最初期の跨線橋設置であるが、この頃の跨線橋は屋根等がテント地で簡易な構造だった。1978.9.21　Ha

天白川の旧橋梁を渡る3800系4連。伊勢湾台風後に上流側に新橋梁が架けられた。1958.12　Si

伊勢湾台風後の洪水対策で堤防が1.8m嵩上げされて架け替えられた天白川橋梁。1963(昭和38)年8月20日に上流側に新橋梁が架橋された。1935(昭和10)年に名岐鉄道が名古屋〜岐阜間直通運転に備えて製造した800系モ804ほかのAL車4連の高速が天白川を渡り常滑に向かう。1978.9.21　Ha

コラム 伊勢湾台風の襲来と復旧

　1959(昭和34)年9月26日に東海地方を襲った台風15号(伊勢湾台風)は、中心気圧929ミリバール、最大瞬間風速45m/sの大型台風となり、伊勢湾の満潮時と重なったことから7m以上の高潮が発生して、沿岸部に壊滅的被害を与えた。

　沿線の被害は甚大だったが、なかでも高潮によって海岸堤防が各所で破壊されたため、海水が浸入した常滑、河和、三河、蒲郡、津島、尾西線は長期間、線路が水没して、早期の復旧が困難となった。また、常滑線の大江、大同町付近は貯木場の流木が線路上に堆積して、その除去には時間を要した。

　常滑線は、堤防決壊による冠水、大江川橋梁と一部道床の流失により、全線不通となった。また、名和付近で道路も冠水で不通だったため、横須賀港から熱田・内田橋までの海上代行輸送が行われ、道路が復旧後は聚楽園から鳴海までバス代行輸送がおこなわれた。

　冠水区間を除き10月1日までに運転再開されたが、冠水区間は遅れ、10月9日に神宮前〜道徳間、10月12日に道徳〜大江間と築港線、26日に大江〜柴田間が復旧し、最後に残った柴田〜聚楽園間が単線で運転再開されたのは11月15日となった。

陸路が復旧するまでは、横須賀港〜熱田・内田橋間で船により代行輸送がおこなわれた。1954.10　Si

道路復旧後はバスにより代行輸送がおこなわれ、聚楽園と鳴海を結んだ。1954.11　Si

柴田〜名和間の復旧工事列車。1959.11　Si

単線で運転再開し、冠水のため、名和付近で海上のようになった線路を走る電車。
上：3400系4連。下：モ3350形とMM編成時代の3700系を連結した全電動車のHL車の4連。1959.11　Si

名和駅

　路線開業時の1912(明治45)年2月18日に名和村として開業。戦後の1947(昭和22)年10月1日に名和に改称している。貨物側線があり、貨物営業もおこなわれていたが、1960(昭和35)年度に廃止されている。

　柴田〜名和間で西知多産業道路と交差していることから高架化が進められ、1978(昭和53)年8月27日に下り線、1979(昭和54)年4月1日に上り線が高架化され、5月6日に駅舎が完成した。高架化後は6両編成対応の2面2線の相対式ホームが設けられた。

　駅舎は1994(平成6)年11月1日に改築され、エレベータも設置された。2004(平成16)年12月に駅集中管理システム導入により、無人化されている。

高架化前の名和駅。
1969.5.4　Kr

下り線が高架化され、残された上り線を走る貨物列車貨55レ。天白川の旧橋梁時代は、この付近からまっすぐに下流側にあった旧橋梁に向かっていた。
1978.9.21　Ha

下り線が高架化された名和駅南を走るデキ600形牽引の常滑行貨物列車貨54レ。
1978.9.21　Ha

上り線も高架化された名和駅南を走る850系モ851を先頭としたAL車の4連。850系は旧愛知電鉄が製造した流線型車両である3400系に対抗し、旧名岐鉄道の800系を設計変更して2編成が1937(昭和12)年に製造された。
1988.4.16　Ha

上り線も高架化された名和駅を通過する7000系の急行。1988.4.16

第1章 常滑線　39

聚楽園駅

聚楽園梅林公園への観光客輸送を目的に、1916（大正5）年2月16日に現在地より北300mの曲線あたりに臨時乗降場として開設。翌年5月10日に正式開業している。豊田製鋼（現・愛知製鋼）への戦時下の工員輸送のため、1942（昭和17）年10月に工場正門前の現在地へ移転。貨物用の側線や工場内への専用線も設けられた。同時に大仏のある丘陵麓の急曲線を解消している。

構内は2面3線で、上り線は島式ホームであることから、河和線方面からの普通列車が待避できない太田川の代わりとして、上りの副本線が優等列車に追い抜かされる待避線として使用されることが多かった。1978（昭和53）年7月13日に下り線に通過線方式の待避線が設けられ、上下とも待避が可能になった。

1982（昭和57）年に跨線橋が設置された。貨物輸送は1983（昭和58）年に終了し、翌1984（昭和59）年1月1日に1.3kmの愛知製鋼専用線が廃止となっている。

貨物用の側線は、夜間を中心に車両の留置に使われることもあり、2005（平成17）年1月の空港線開業に伴う車両の増加に対応するため3線の留置線として整備された。2011（平成23）年12月の太田川駅高架化で名古屋方面への常滑線と河和線の上り列車は、太田川駅での乗り換えに上下移動を伴うことから、朝ラッシュ時に快速急行と急行を当駅に特別停車することで、緩急接続をおこなっている。

2004（平成16）年に駅舎が改築され、駅集中管理システムの導入により無人化された。

聚楽園駅舎。1983.2.6　Ha

下り線に待避線ができる前の聚楽園駅。1969.5.4　Kr

下り線に待避線が新設された聚楽園を通過する7500系の河和線急行。
1978.9.21　Ha

聚楽園の下り待避線に停車する850系モ851-ク2351。聚楽園公園のある山上には、1927（昭和2）年に昭和天皇のご成婚を記念して開眼供養された聚楽園大仏が鎮座する。守口漬を考案した山田才吉によって建立されたこの大仏は鉄筋コンクリート製で、高さが18.79mあって奈良や鎌倉の大仏より大きい。1981.5.9　Ha

愛知製鋼の知多工場をバックに、聚楽園駅北のカーブを名古屋に向かう7000系7008編成の6連。2008.8.17　Ha

新日鉄前駅

　1912（明治45）年2月18日の路線開通時に「加家」（かけ）として開業。

　1944（昭和19）年に休止となるが、東海製鐵（現：日本製鉄名古屋製鉄所）の工場開設にあわせ1964（昭和39）年8月17日に東海製鉄前として復活し、富士製鐵との合併に伴い1967（昭和42）年8月1日に富士製鉄前、富士製鐵と八幡製鐵の合併で新日本製鐵と社名を変更したのに伴い、1970（昭和45）年3月31日に新日鉄前に改称した。その後も社名は度々変更され、現在は日本製鉄となっているが、駅名は改称されていない。

　6両編成対応で相対式の2面2線のホームがあり、1982（昭和57）年に跨線橋が設置された。駅集中管理システムの導入で2002年に無人化されている。

復活時は東海製鉄前であった新日鉄前駅。社名変更に伴い2度、駅名が変わった。1964頃

新日鉄前〜太田川間を走るデキ600形601牽引の太田川行貨物列車貨52レ。1983.2.5　Ha

第1章 常滑線　41

太田川駅

　傳馬〜大野間が開業した1912（明治45）年2月18日に「大田川」として大田川の北の位置に開業。1922（大正11）年6月25日に大田川車庫が竣工し、7月26日に大田川南の尾張横須賀寄り約500mの現在地に移転している。1924（大正13）年に駅舎が改築され、近くの弥勒寺の宝塔を模した駅舎が建設された。

　昭和に入り、知多鉄道の太田川〜成岩間が1931（昭和6）年4月1日に開業すると、その接続駅となった。太田川の駅名は、開業時は「大田川」であったが、知多鉄道が開業した頃に「太田川」に改称されている。駅の所在地は「大田町」であり、また、北を流れる川も「大田川」と「太」ではなく「大」の文字が使われているが、なぜ、駅名を「太」の文字に変更したのか、理由はわからない。しかし、国立公文書館の知多鉄道の申請書を見ると、当初から「太田川」の文字が使われており、また「大田川」と印字された箇所にはペンで「、」を付けて修正して「太田川」としている。なんらかの強い意志があって駅名を「太

1924（大正13）年に改築され、近くの弥勒寺の宝塔を模した駅舎。1986（昭和61）年の駅舎改築後も、シンボルの弥勒寺を模した宝塔部分は残されていた。
1983.7.2　Ha

太田川に到着する築港線専用車から本線系に戻ったク2816-モ3818編成ほかのAL車4連の河和行急行。太田川駅の1、2番線はどちらも河和方面へ出発できたことから、河和線列車の緩急接続が行われた。1979.10.23　Ha

3番線に停まるク2561ほかの新鵜沼行準急と4番線に停まるモ3303ほかの3300系HL車で組成された新鵜沼行急行。河和線方面からは3番線しか停車できないことから、4番線に停まる常滑方面からの列車と緩急接続がおこなわれた。1957.8　Si

太田川検車区から河和線の普通列車に使用するため、入れ換えで、一旦、北側に回送される850系。この頃、駅北にはスーパーのユニーがあった。
1979.10.1

田川」に変更したのではないか、と想像される。
　1948（昭和23）年8月27日には隣接する太田川車庫から出火し、HL車のモ3301、3304、モ914などが焼失。これら車両は新製の3800系と同じ車体を製造し、モ3750形3751～53となった。
　1971（昭和46）年3月29日には、西側にバス乗り場が設けられ、西口が開設されている。1983（昭和58）年度に貨物営業を廃止。犬山検査場完成に伴い、検車区の統合で1985（昭和60）年9月15日に太田川検車区が廃止となり、1986（昭和61）年7月20日に配線を変更してホームを8両化するとともにホーム幅を拡大して跨線橋を新設している。同年10月1日には駅舎が改築されたが、駅舎のシンボルである宝塔部分は維持された。
　2007（平成19）年6月から高架化事業が開始され、2008（平成20）年4月26日には仮駅舎の使用が開始されると共に、西口のバスターミナルが移転。11月23日には仮線、仮ホームに移転し、2009（平成21）年2月に宝塔のある駅舎は解体された。常滑線約2km、河和線約0.7kmの高架線の完成は2011（平成23）年12月17日で、1階がコンコース、2階が常滑線上下と河和線下りの2面4線ホーム、3階が河和線上り（金山、名古屋方面）の1面2線のホームのある3層構造の高架駅となった。駅南には2線の留置線が設けられている。2012（平成24）年3月に駅東側の駅前広場が完成したことで、3月20日にバス乗り場が移転している。

大田川を渡る5000系の団体列車「オレンジライン」。5000系は東海道本線名古屋電化に対抗するため、1955（昭和30）年に20両が製造されたカルダン駆動方式の画期的な高性能車だった。「オレンジライン」は河和線方面にミカン狩りに向かう団体列車に付けられた名称である。1979.10.13　Ha

太田川駅を出発して大田川の鉄橋に向かう7000系6連の新鵜沼行急行。1979.10.13　Ha

駅北の大田川を渡る6000系。海側には新日本製鉄名古屋製鉄所の煙突が見える。
1979.10.13　Ha

太田川を発車するク2000形2001+モ3200形+モ3350形のHL車4連の栄生行急行。ク2000形は1923(大正12)年に製造された愛電最初の制御車の附2形で、トラス棒つきの木造車である。1958.9.21　Hi

ほぼ同地点の7500系の新鵜沼行急行。1982.1.15 Ha

第1章 常滑線

河和線から太田川に到着する5200系の6連。長年にわたり、河和線から太田川駅上り線ホームには3番線しか到着できず、2番線から河和方面への出発も河和線上り線を支障した。
1968.6　Si

河和方面から太田川に到着するモ851-ク2351＋モ852-ク2352の850系4連。駅西側には太田川検車区があった。
1979.11.12　Ha

高架化のための仮線に移行する直前の太田川駅に河和線方面から到着する7000系6連の新可児行急行。1番線から常滑線に出発できるようになるとともに、2番線からも河和線の上り線を支障せずに河和線下り方面へ出発できるようになった。
2008.9.17　Ha

太田川駅の西側には1985（昭和60）年まで太田川検車区があった。主に常滑・河和線の電車の列車検査を行ったが、検車区の統合で廃止された。豊田本町・道徳付近の高架化工事完成に伴う祝賀電車が停車している。1984.11.6　Ha

尾張横須賀駅

　1912（明治45）年2月18日に路線開通に伴い開業。貨物を取り扱っていたが、1970（昭和45）年度に廃止されている。

　1969（昭和44）年に上野町、横須賀町が合併して誕生した東海市の玄関駅として特急・高速が停車したが、地平時代は島式ホームで、かつ4両編成分の長さしかないことから、6両編成の列車では扉の締切扱いがおこなわれた。

　1992（平成4）年11月22日に駅前後の2kmが高架化され、6両編成対応の相対式ホームとなった。2024（令和6）年4月13日から終日無人化された。

尾張横須賀駅駅舎と常滑線で唯一だった島式ホーム。
1984.5.13　Ha

尾張横須賀駅を発車する3400系の御嵩行急行。「高速」として時間2本運転されていた常滑線の優等列車は、1982年（昭和57）年3月21日に「急行」に種別変更されている。
1984.5.13　Ha

寺本駅

　1912（明治45）年2月18日に路線開通に伴い開業。貨物を取り扱っていたが、1967（昭和42）年度に廃止されている。急行停車駅だったが、1965（昭和40）年9月の特急運転開始や1967（昭和42）年8月22日のダイヤ改正による急行廃止で昼間帯は普通列車しか停車しなくなっていた。1982（昭和57）年3月21日の高速の急行化により、停車回数が増加している。

　1982（昭和57）年3月30日に橋上駅の新駅舎が完成し、県道白沢・八幡線の陸橋に面して入り口が設けられ、翌年度にホームが6両に延長された。駅集中管理システムの導入で、2004（平成16）年12月22日に無人化されている。

寺本駅駅舎。1982（昭和57）年3月に橋上駅舎となった。
1967.8.21　Kr

第1章 常滑線　47

朝倉駅

　1920（大正9）年12月31日の尾張横須賀～古見間複線化から3年遅れ、1923（大正12）年5月9日に停留場として開業。伊勢湾の堤防に沿ってホームがあり、下り線のホームは道路兼用で住居の玄関まであるという、長閑な雰囲気の駅だった。ホームのすぐ横にあった海岸線は、1962（昭和37）年から始まった臨海工業地帯の埋め立て造成工事によって急激に都市化、工業化が進み、埋立地は名古屋臨海工業地帯の第三区、第四区になった。1970（昭和45）年に埋立地に知多市役所庁舎の建設が建設され、1955（昭和30）年に八幡町、岡田町、旭町が合併し知多町となり、1970（昭和45）年に市制を敷いた知多市の玄関駅となった。駅は1967（昭和42）年2月16日に無人化されたが、市役所庁舎の建設や、1973（昭和48）年から東側丘陵地が朝倉団地として造成されて利用者が増加したため、1974（昭和49）年9月17日の急行復活にあたり停車駅となるとともに、1975（昭和50）年7月1日に駅員が再配置されている。1978（昭和53）年8月1日から朝夕に高速の一部が停車している。

　知多市の玄関駅として、1982（昭和57）年9月5日に上り線、9月26日に下り線の1.2kmが高架化され、ホームは6両編成対応の2面2線となり、面目を一新した。1983（昭和58）年6月23日に高架下商店街「ステーションプラザ」が開業している。1997（平成9）年8月25日にバリアフリー化としてエレベータ、エスカレータが設置された。2005（平成17）年1月29日から特急が全列車停車するようになった。

下り線ホームに面したホーム上に玄関がある民家があった。
1982.9.18　Ha

高架化直前の朝倉駅駅舎。駅舎は上りホーム側にあった。
1969.4.29　Kr

高架駅から見た下り線が地平時代の朝倉駅。下り線ホームは道路扱いで、ホームに面して民家が並んでいる。1982.9.18　Ha

古見から海沿いに走り朝倉に到着する5200系。5200系は5000系をモデルチェンジした高性能車で当初は2両組成であり、5200系どうしを連結して2〜6連で使用された。
1961.8　Si

同地点のク2352-モ852ほかのAL車4連。1962（昭和37）年から始まった臨海工業地帯の埋め立て造成工事によって海岸線は失われ、線路脇の堤防跡が往事を偲ばせる。
1979.10.23　Ha

高架化された同地点を走る豊田線用の100系4次車の214編成。100系は豊田新線と名古屋市交通局の相互直通運転用に1979（昭和54）年に製造された4扉の通勤車両で、200番代の車号の100系4次車は1993（平成5）年から始まる犬山〜鶴舞線相互直通用車両として1991（平成3）年に2年早く製造され、直通運転開始までは犬山線のラッシュ輸送に威力を発揮した。
1993.7.5　Ha

下りホームに停まる3900系。浜辺では夏に海水浴もできた。1961.8 Si

埋め立て前は伊勢湾の浜辺にあった朝倉駅ホームに停まる5200系。常滑方向の下り線ホームは道路扱いとなっている。
1961.8 Si

海岸線に沿って走る5500系冷房車。常滑線は朝倉から日長にかけては伊勢湾の海辺に沿って線路が敷かれていた。1961.8　Si

古見駅

1912（明治45）年2月18日に路線開通に伴い開業。愛知電鉄では、海岸に脱衣場などの設備を設け、大野と共に海水浴場として誘客を図り、昭和30年代前半までは夏の海水浴の下車駅のひとつだったが、埋め立てによる工業地化で往事の面影はなくなった。

2005（平成17）年1月に駅集中管理システム導入により、無人化された。ホームは4両編成対応だったが、2019（令和元）年8月に6両対応に延伸されている。

夏に海水浴客で賑わった名残を伝える古見駅駅舎。
1967.8.21　Kr

古見の常滑方には渡り線があり、それを使って折返し列車が運転されることもあった。古見で折り返した犬山ラインパークでの1979（昭和54）年の秋催事「航空博」の団体列車として設定された「ライト兄弟」。
1979.10.23　Ha

長浦駅

　新舞子に続く別荘地として愛知電鉄は長浦の開発を進めると共に、1927（昭和2）年に鉄筋コンクリート製大蛸を建設し、海水浴場として整備を進めた。その最寄り駅として、1930（昭和5）年9月1日に開業した。
　長浦の海水浴場は駅前からきれいな砂浜が広がり、蛸の大噴水塔など子ども向けの遊戯施設もあって家族連れに絶好の海水浴場であることや、熱田水練学校が開催されたことから「名古屋市民の海」と呼ばれた。鉄筋コンクリート製の大蛸は「タコのターちゃん」として長浦のシンボルとなり、1954（昭和29）年からは海水浴シーズンに「長浦蛸まつり」も開催されている。しかし1960年代になると海岸の埋め立てにより、海水浴場は姿を消した。
　かつては有人駅で駅員もいたが、1970（昭和45）年9月1日に無人化されている。その後は4両編成対応のの相対式ホームの無人駅となったが、2005（平成17）年1月に駅集中管理システムの導入で自動改札機、自動券売機を設置した小規模な駅舎が建てられた。

海と反対側にあった長浦駅駅舎。
1969.4.29　Kr

名古屋方面への海水浴帰りの乗客が待つ長浦駅に到着するモ3560形3561ほか。同車は1960（昭和35）年5月に踏切事故で焼失したモ3504を、鋼体化を進めていたHL車と同じ車体を新造し復旧した車両で、当時、編成を組んでいたク2561と番号を揃えてモ3561とした。塗装はAL車の標準色である濃緑であるが、全金属車体にこの塗装は違和感があった。
1961.8　Si

長浦～日長間を走る3400系。常滑側がク2403で編成が通常と逆向きとなっているが、この頃、固定編成の3400系と3900系は編成方向を変えて運行していたこともあったようだ。
1961.8　Si

海岸の砂浜にシンボルの大蛸が見える長浦に到着するモ850系。「なまず」の愛称の元になった3本の白髭が幕板に見える。
1961.8　Si

伊勢湾を望んで秋の長浦付近を走るモ910形にモ3350形2連を連結したHL車3連。1958.9.21　Hi

長浦〜日長間の海岸段丘下を走る3400系モ3403編成の常滑行特急。3400系は元愛知電気鉄道の東部線用に1937（昭和12）年に製造された流線型車両で、1953（昭和28）年までに4両組成化され、1967（昭和42）年から車体更新が行われ、車体形状が変わっている。左側の堤防がかつての海岸線。1976.10.7　Ha

前ページのやや長浦寄りを走る3400系。1961.8.6　Si

前ページの3400系とほぼ同地点を走る7500系モ7507編成。海岸段丘の下を走る日長～長浦間は、時代が経っても風景が変わらない。2003.5.25　Ha

ほぼ同地点を走る手動加速制御のHL車3730系さよなら運転のク2751-モ3751。本線系に残ったHL車の最後の組成だった。1996.3.20　Ha

3800系と3550系を連結した新舞子行臨時特急。1961.8.6　Ha

日長駅

　1912（明治45）年2月18日に路線開通に伴い開業。長浦と共に、1970（昭和45）年9月1日に無人化された。
　4両編成対応の相対式ホームがあり、2005（平成17）年1月に駅集中管理システムの導入で自動改札機、自動券売機を設置した小規模な駅舎が建てられた。

海岸の反対側にあった日長駅駅舎。
1969.4.29　Kr

日長駅に到着する5200系。
1961.8.13　Si

同地点の3880系。3880系は1975（昭和50）年と1980（昭和55）年に東京急行電鉄から計21両を譲受した元東急の3700系である。
1982.1.15　Ha

海沿いに線路が続く長浦〜日長間を走る5500系4連。1961.8　Si

海岸が埋め立てられたほぼ同一地点を走る7000系。2008(平成20)年12月26日の7000系定期運用離脱後は、白帯が復活した7011編成がさまざまなイベント列車に使用された。2009.7.26　Ha

日長駅南の日長川を渡る
5000系。
1979.9.16　Ha

防風林の松林が海辺の雰囲
気を漂わせる日長川を渡る
HL車の3700系 モ3716-ク
2716。昭和40年代後半に
は、ロングシート車も含め、
本線系のHL車はすべてスト
ロークリームに赤帯の塗色
だった。
1976.12.6　Ha

日長川の南を走る常滑線開
業70周年とデキ370形376
の廃車を記念して、デキ376
＋貨車＋モ810＋デキ401
の編成で1982（昭和57）年2
月28日に運転された混合列
車。この場所で参加者の撮
影会が行われ、線路脇にロー
プを張って、線路ギリギリの
場所での撮影も認められて
いて隔世の感がある。同時
に常滑焼きの記念切符も発
売された。Ha

新舞子駅

　1912（明治45）年2月18日に傳馬～大野間開通に伴い開業。一帯は遠浅の砂浜海岸で地引き網の漁場であったが、1910（明治43）年に海水浴場を中心とした遊園地を開発した手塚辰次郎が兵庫県の舞子ヶ浜を連想させることから新舞子と名付けて宣伝したことが始まりで、駅名もそれにちなんでいる。愛知電鉄開業後の1912（明治45）年7月には新舞子土地が御料局から土地の払い下げを受け、100室以上を擁して当時の県下3大旅館のひとつといわれた「舞子館」が開業している。鉄道開業後の新舞子は、知多半島西海岸でもっとも大きな海水浴場となった。

　1922（大正11）年に経営難に陥っていた新舞子土地を合併した愛知電鉄は駅舎をモダンな姿に改築するとともに、浴場、竜宮殿なども開設し、1929（昭和4）年には海中に納涼大桟橋をつくるなど、海水浴場の整備を進めた。さらに駅付近に動・植物園を設けて「新舞子楽園」とするなど、新舞子一帯を観光拠点化している。1936（昭和11）年8月には東洋一の規模と設備を持つ大水族館を建築して東京帝国大学農学部に寄託した。また、1925（大正14）年に駅北側に「松浪園」と称する洋風文化住宅が並ぶ高級住宅地を造成し、開発に力を注いだ。

　戦後、レジャーとして海水浴が復活すると、1949（昭和24）年夏には新舞子カーニバル、翌1950（昭和25）年には大野海水浴場と共催でサンマーフェア、1951（昭和26）年には大野海岸とともにヨットレースや会場パレードのある新舞子大野海上カーニバルを開催した。ビーチハウスや大シャワーなど、設備の整った新舞子は、知多のマイアミと称えられるほどの人気を集めた。

　しかし、昭和30年代後半となると、埋め立てによる工業用地造成に伴う海水の汚染が進み、海水浴場と

海辺のリゾート地らしい開放的なたたずまいの新舞子駅。上り線ホームから駅舎へは地下道があった。1969.4.29　Kr

新舞子の南を走る6000系の試運転列車。
1976.12.1　Ha

しての魅力は低下した。東京大学の水族館も設備の老朽化に伴い、1970（昭和45）年に閉鎖されている。以後、新舞子はマリンスポーツの拠点となると共に、1997（平成9）年には人工島の公園である新舞子マリンパークが開設されている。

リゾートの拠点であることから急行停車駅で、1962（昭和37）年7月1日に駅舎が改築されると共に、1967（昭和42）年度には貨物営業が廃止されている。2005（平成17）年1月から全ての特急が停車するようになり、2010（平成22）年3月には西改札口の使用が開始され、同年7月には東口駅舎が改築された。6両編成対応だったホームも8両編成対応に延伸されている。2023（令和5）年12月23日に終日無人化された。

同地点を走る5200系の常滑行特急。この付近は埋め立てされておらず、現在も伊勢湾を望むことができる。1976.10　Ha

大野町駅

1912（明治45）年2月18日に傳馬〜大野間開通に伴い、終着駅として開業。1920（大正9）年頃に大野町と改称。同年3月29日に常滑まで延伸され、中間駅となった。

大野は江戸時代に潮湯治で賑わい、日本最古ともいわれる海水浴場があり、愛知電鉄では脱衣場など海水浴設備を設け、潮湯治の伝統を受け継ぐ大野温浴場を千鳥温泉とよんで宣伝した。戦後は、新舞子と共に夏の海水浴イベントをおこない、るり館、千鳥館のビーチハウスや海上プールが多くの海水浴客を集めていた。しかし、新舞子同様、昭和30年代後半には埋め立てによる海水の汚染で、海水浴場としての魅力をなくしている。この間、1962（昭和37）年度に貨物営業廃止、1980（昭和55）年4月13日にホームの嵩上げ工事と6両化、駅舎が改築されている。

1954（昭和29）年に常滑市に合併された大野町の中心であり、1965（昭和40）年9月に運転が始まった特急では太田川以南では尾張横須賀と共に停車駅となり、さらに折返し線があり、終点の常滑が実質的に1線しか旅客扱いができなかったことから折返し列車も設定されるなど、知多半島西岸の常滑以北の拠点駅の扱いだった。しかし、1982年（昭和57）年3月改正による特急の急行化や常滑駅の整備に伴い、存在感が低下した。2005（平成17）年1月に駅集中管理システムの導入で無人化された。

大野町駅駅舎。かつての大野町の中心として尾張横須賀以南で唯一の特急停車駅だった大野町は、折り返し列車も運転されるなど、常滑以北の拠点駅の扱いだった。1969.4.29　Kr

大野町で折り返す3400系の神宮前行急行。大野町駅の構内踏切はホームの中程にあった。1959.8　Si

西ノ口駅

1913（大正2）年3月29日の大野～常滑間開通にあわせて開業。1944（昭和19）年に休止され、1946（昭和21）年9月15日に無人駅として復活している。

空港線開業に伴い2004（平成16）年12月15日に蒲池側に300m移転し、輸送力増強に向けて待避線と留置線が設けられ、ホームは6両編成対応の相対式2面2線から、待避線のある8両編成対応で島式ホームの2面4線となり、駅も橋上駅化された。留置線は上り線の常滑側に設けられている。2005（平成17）年1月には駅集中管理システムが導入されている。

無人駅だが、待合所を兼ねた駅舎があった。1969.5.3　kr

移転された西ノ口駅。待避線と留置線があり、ミュースカイ2000系などが留置され、留置機能のない中部国際空港駅を補完する。
2009.3.29　Ha

西ノ口付近を走る3900系。伊勢湾越しに鈴鹿の山並みが遠望できる。グラウンドは鬼崎北小学校のもので、駅はこの付近に2004（平成16）年に移転された。
1982.1.28　Ha

蒲池駅

　1913（大正2）年3月29日の大野〜常滑間開通より約3カ月遅れて6月18日に開業。1968（昭和43）年2月16日に無人化されている。

　2004（平成16）年12月に駅集中管理システムが導入され、同時にホームが4両から6両編成対応に延伸されると共に、跨線橋が設置されている。県立常滑高校の最寄り駅で、朝ラッシュ時には学生輸送のため、特別停車する急行がある。

無人化される前の蒲池駅。1969.5.3　kr

蒲池駅南にあった制限65km/hのカーブを走る7000系の「とこなめ」号。「とこなめ」号は常滑競艇開催時に運転された臨時特急で、神宮前〜常滑間は無停車だった。系統板は1982（昭和57）年3月の改正で、イラストはそのままに、名称が行先の「常滑」に改められている。このカーブは空港線開業での速度向上に支障となることから、線路が敷き直されて曲線が緩和されている。1982.1.28　Ha

榎戸駅

　戦時下の1944（昭和19）年11月18日開業の常滑線では比較的新しい駅。1961（昭和36）年まで貨物営業をおこなっており、1974（昭和49）年6月1日に無人化されている。

　中部国際空港への空港線建設にあたり常滑駅を高架化する必要が生じたため、バス連絡できるように整備し、2002（平成14）年1月26日から榎戸〜常滑間を休止して高架化工事を行った。あわせてホームを4両から6両編成対応に延伸すると共に跨線橋を設置し、駅員も配置している。

　高架化工事の終了により、2003（平成15）年10月4日に榎戸〜常滑間の運転が再開され、同時に普通停車駅となった。11月30日に再び無人化されている。2004（平成16）年5月に駅集中管理システムが導入され、折返し列車で使用していた渡り線が撤去された。

無人化前の榎戸駅。1969.5.3　kr

代行バス連絡駅として、跨線橋も設けられて整備された榎戸駅。2003.9　Ha

第1章 常滑線　63

多屋駅

　1913（大正2）年3月29日に大野〜常滑間開通にあわせて開業。1944（昭和19）年に休止となるが、1949（昭和24）年10月1日に復活している。

　多屋〜常滑間は単線のため旅客扱いのホームは1本だけで、常滑駅まで0.7kmと近いことから多くの側線を持ち、同駅を補完する機能を有していたが、貨物営業は1971（昭和46）年度で廃止されている。それを受け1972（昭和47）年3月12日に常滑まで複線化され、同年10月1日に無人化されている。2002（平成14）年1月26日から常滑駅高架化工事に伴い、榎戸〜常滑間のバス代行輸送により休止となり、2003（平成15）年10月4日に工事完了で営業を再開し、ホームは4両から6両編成対応に延伸された。2004（平成16）年に駅集中管理システムが導入されている。

旅客用には1面1線のホームだけの駅だったが、約0.7km南の常滑を補完するため多くの側線があった。1969.5.3　kr

空港線建設に併せて高架化工事が行われ、バス代行で休止となる前日の多屋駅付近を走る1000系パノラマスーパー。常滑線への全車特別車の特急は、中部国際空港の建設が具体化した1993（平成5）年から運転が始められている。現在のミュースカイの前身である。
2002.1.25　Ha

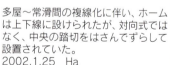

多屋〜常滑間の複線化に伴い、ホームは上下線に設けられたが、対向式ではなく、中央の踏切をはさんでずらして設置されていた。
2002.1.25　Ha

常滑駅

　1913(大正2)年3月29日に大野～常滑間開通より開業。常滑は日本六古窯のひとつとして窯業の集積地であることから土管など貨物輸送の比重が大きく、構内には貨物用のホームや側線が点在し、貨物用ホームが1面2線あるのに対して旅客用のホームは4両編成対応の1面1線だけであった。1972(昭和47)年3月12日の多屋～常滑間が複線化された後も旅客列車は1線しか使えず、運行への障害となっていた。

　1981(昭和56)年に貨物営業が廃止となると配線変更とホームの増設がおこなわれ、1982(昭和57)年12月21日に発着線は6両編成対応の2面3線となった。1987(昭和62)年3月27日に駅ビルが完成し、改札口へはホーム先端から道路をくぐる地下道で連絡した。

　空港線建設にあたり、榎戸駅南から常滑駅を含む1.7kmが高架化されることになり、2002(平成14)年1月26日から2003(平成15)年10月4日まで、同区間の運転を休止して榎戸までバス代行が行われた。常滑駅は8両ホームを持つ2面4線の高架駅となった。空港線は2005(平成17)年1月29日に正式開業している。

　駅ビルは高架工事に伴い、東側半分が解体され、2016(平成28)年10月22日に残り半分も解体された後、2018(平成30)年10月5日に跡地にスーパーや飲食テナントが入店するμPLAT常滑が営業している。

常滑駅駅舎　旅客ホームは4両編成対応が1本だけだった。
1981.9.18　Ha

出荷待ちの土管が並ぶ常滑駅に到着するデキ600形の牽く貨物列車。
1968.6　Si

常滑競艇の臨時特急である7000系の「とこなめ」が側線に停車する横を3400系の高速が常滑に到着する。
1979.3　Ha
出典：常滑市制25周年記念切符

旧ホーム時代の常滑を発車する3400系の急行。かつての貨物ホームの跡に新ホームの建設が進んでいる。
1982.9.18　Ha

2面3線の6両編成対応ホームとなった常滑駅に停車する7000系と6000系。
1993.7.5　Ha

中部国際空港の建設が具体化してくると、常滑線を使ったアクセスの有用性をアピールするため、1993（平成5）年には新名古屋〜常滑間に特急3往復の運転を開始し、1997（平成9）年4月5日からは起点を新岐阜に移して増発し、常滑への特急は5本となった。新岐阜発の特急の1本には高山本線へ直通する特急「北アルプス」の間合い運用として、キハ8500系が使用された。
2001.9.1　Ha

第2章
空港線
【常滑～中部国際空港 4.2km】

　小牧にある名古屋空港の需要が拡大し、拡張が難しいことから、その代わりに常滑沖に24時間運用が可能な海上空港として開港した中部国際空港。名鉄ではアクセス路線として空港線を建設し、常滑線の改良や車体傾斜制御装置を装備した2000系「ミュースカイ」の投入で名鉄名古屋～中部国際空港間を28分で結び、空港輸送のメインルートとしての位置づけを盤石なものとした。空港線の開業により、従来からの都市間輸送や都市近郊輸送に加え空港輸送という新たな役割が加わり、名鉄は新時代を迎えた。

1209.4mの空港連絡橋を渡り、りんくう常滑を通過する空港線完成祝賀マークを付けたミュースカイ2000系。登場時のミュースカイは3連だった。空港連絡橋は強風時を考慮して、鉄橋ではなく、コンクリート橋で建設された。
2005.1.30 Ha

空港線小史

2005（平成17）年2月17日に開港した常滑市沖の海上空港である中部国際空港（セントレア）は、小牧にある名古屋空港（現・県営名古屋空港）の需要が増大し、かつ市街地にあって拡張が難しいことから新空港の気運が高まり、24時間運用が可能な海上空港として計画され、1989（平成元）年に場所が常滑沖に決定した。新空港は1996（平成8）年に閣議決定された第7次空港整備五箇年計画で事業化空港として位置づけられ、建設が進められた。

空港アクセスについては、場所が決定した段階から武豊線の複線電化による乙川からの新線や、海底トンネルによる西名古屋港（現・あおなみ）線の延長など、多くのルートが比較検討された。名鉄では常滑線を使ったアクセスの有用性をアピールするため、1991（平成3）年8月に高速試験をおこなうとともに、1993（平成5）年8月12日から昼間帯に新名古屋～常滑間に所要時間30分の特急3往復の運転を開始し、1997（平成9）年4月5日から起点を新岐阜に移して4.5往復に増発した。事業化の決定を受けて、国や岐阜県・愛知県・三重県・名古屋市、地元経済界をメンバーとする「中部新国際空港推進調整会議」では、アクセス整備方策案として新空港に最も近接する名鉄常滑線を最大限活用する方向性が示され、常滑線の改良整備や名古屋における乗継利便性の向上と共に、空港線（空港連絡鉄道）の建設整備が明記された。

空港線は常滑線の列車を空港に直通させることを前提に、新設の第三セクターである中部国際空港連絡鉄道（株）が第三種鉄道事業者として建設し、名鉄が第二種鉄道事業者として運行にあたることになった。あわせて常滑線との接続のために必要となる常滑駅付近の鉄道高架化も組み込まれた。

常滑駅を起点とした空港線は中部国際空港駅まで4.2kmで、途中の空港対岸部にりんくう常滑駅が設けられた。全線複線高架で、海上部は1209.4mの空港連絡橋で横断している。終点の中部国際空港駅は開業時は頭端式の2面2線で、ホームは端から4m離れた位置に連続ガラス壁を設けて荷物用カートの落下を防止した。ホーム高さはバリアフリー対応で1,070mmとなり、床面高さ990mmの7500系はホームより低いことから乗降に危険が伴うとして空港線への入線ができず、それが理由で7500系は2005（平成17）年9月までに全車廃車となっている。

空港線の開業は2005（平成17）年1月29日であるが、2004（平成16）年10月16日より開港準備の空港関係者に対象を限定した輸送が貸切の形で常滑駅増設線と中部国際空港駅の間で行われている。

開業後の空港アクセスは、「快速特急」「特急」「急行」各2本/時の6本/時が設定された。「快速特急」には車体傾斜制御装置を装備した2000系「ミュースカイ」が投入され、常滑線の改良とあわせて最高速度は120km/hで名鉄名古屋（旧・新名古屋）と中部国際空港間39.3kmを28分で運行した。「特急」は一部特別車の1200系、あるいは2200系が使用され、毎時1本は豊橋から金山折返しとして、三河方面からの利便性を高めた。空港線は想定を越える利用者があったことから、翌2006（平成18）年から「ミュースカイ」の組成を4両化するとともに、2006（平成18）年4月29日に中部新国際空港駅を2面3線化して、増設された1番線を「ミュースカイ」専用ホームとした。2008（平成20）年12月に全車特別車の2000系の列車は登場時3両だった「ミュースカイ」という新たな列車種別が設けられた。同時に金山での三河方面からの「特急」折返しはなくなり、2本/時の特急は新岐阜行と新鵜沼行となった。

連絡鉄道概要図　出典：名鉄NOW　2002

りんくう常滑駅

　2005(平成17)年の中部国際空港開業にあわせ、愛知県が埋立造成した中部臨空都市の空港対岸部の前島に位置する空港線の中間駅(計画時は「前島」)。施設は空港線の第三種鉄道事業者である中部国際空港連絡鉄道が保有している。

　2004(平成16)年10月16日の暫定開業を経て、翌2005(平成17)年1月29日から一般向け旅客営業を開始した。相対式ホーム2面2線で8両編成対応ホームを持つ高架駅で、当初から駅集中管理システムが導入され、無人駅である。2015(平成27)年に隣接地にイオンモール常滑が開店し、利用客が増加した。

営業して間もないりんくう常滑駅。まだ、周囲は整備中でなにもない。2005.1.30　Ha

りんくう常滑に停まる中部国際空港行の急行。急行は時間あたり2本が停車する。
2009.3.29　Ha

パノラマカーの最後が迫ると、中部国際空港に向けて団体列車が何本も運転された。この列車は中部国際空港が募集した団体で、前面板にはセントレアライナー号の名称が掲げられている。
2009.3.29　Ha

中部国際空港(セントレア)駅

　セントレアの愛称を持つ中部国際空港の駅で、2004(平成16)年10月16日に空港関係者限定で暫定開業。翌2005(平成17)年1月29日から一般向け旅客営業を開始した。中部国際空港は、同年2月17日に開港している。

　当初、8両編成対応の頭端式ホーム2面2線で開業し、現在の2,3番線である内側の2線のみが使用されていた。このため、2,3番線は乗車にあたり、防風対策などで設置されたガラス壁を通る必要がある。

　利用者増から2006(平成18)年4月29日にミュースカイ専用ホームである新1番線の使用が開始され、2面3線となった。駅施設は空港線の第三種鉄道事業者である中部国際空港連絡鉄道が保有している。

停車する7000系特急改装車(白帯車)。7000系が中部国際空港駅に姿を見せたのは、わずか4年だった。2008.12.11　Ha

ミュースカイ専用の1番線が整備される前の中部国際空港駅に到着する7000系6連。ホーム高さの関係から、空港線で運行できるパノラマカーは7000系に限られた。
2005.1.30　Ha

運行開始からしばらくの間は、多客時に2000系に代わり1600系による快速特急が運行されたこともあった。1600系は1999(平成11)年に座席指定特急用に製造された3両組成車で、2006(平成18)年に一部特別車編成として1700系に改造されている。2006.1.6　Ha

管制塔を望んで中部国際空港駅を発車する7700系特急改装車(白帯車)。7700系はタブレットの授受が残っていた三河線等で運行するため、7000系の前面展望室をやめて通常スタイルの運転台にした車両で、4両組成と2両組成が製造され、2両組成は増結用にも使用された。
2010.3.10　Ha

第3章
築港線
【大江～東名古屋港 1.9km（現在は1.5km）】

わずか1.9kmの路線であるが、大江で常滑線から分かれ、東名古屋港に至る築港線（築港支線と呼ばれることもある）は、かつては名鉄の貨物輸送の拠点として重要な位置を占めると共に、鉄道線どうしの平面交差があったり、旅客列車が朝夕しか走らない路線としても知られる。貨物輸送は1983（昭和58）年限りで廃止されたが、名古屋臨海鉄道を通じて新造車の搬入ルートとしての役割は残り、新造された名鉄車両が初めて足跡を残す路線でもある。

東名古屋港駅に停車中のHL車時代の築港線列車。1991（平成3）年から2004（平成16）年にかけて築港線に沿って磁気浮上式鉄道HSSTの実験線がつくられ、試験車両と顔をあわせる時もあった。1993.4.7　Ha

築港線小史

　築港線は大江〜東名古屋港間のわずか1.9km（1990（平成2）年11月25日以降は1.5km）、1駅のみの支線で、利用者は周辺企業の通勤者が大半で、列車は朝夕のみ運転という特徴ある路線である。1907（明治40）年に開港した名古屋港の東築港は開発が遅れていたが、愛知電気鉄道では鉄道を敷設し、工場を誘致して開発することの有望性に着目し、名古屋桟橋倉庫会社から鉄道用地の提供を受け、大江からの分岐線をセメント会社への引き込み線と共に建設。築港線として1924（大正13）年1月15日に大江〜西六号（後の東名古屋港）間1.9kmを開業した。

築港線の貨物輸送

　築港線の貨物取り扱いは、開業年には早くも全貨物の1/4近くを占め、工場の相次ぐ開設で東築地一帯は大工場地帯となり、貨物量も大幅に増加した。当初は2軸単車の電1、電2形が貨車を牽いたが、1929（昭和4）年1月の架線電圧の1500Vへの昇圧により、強力・低速のデハ1010形（元碧海電鉄デハ100形）が専用で使用された。名古屋鉄道として合併後の1936（昭和11）年に東名古屋港近くの名古屋火力発電所が強化され、翌年に六号地に三菱航空機大江工場が開設されると貨物の輸送量は大きく増加し、1939（昭和14）年10月16日には複線化され、送電線兼用の高い鉄柱が建てられた。

　築港線が大きく飛躍するのは、1943（昭和18）年8月に実施された愛知県の貨物専用線との接続である。名古屋港の埋め立ては愛知県が行い、1926（大正15）〜1933（昭和8）年にかけて七号地から九号地へと進んだ。八号地（船見埠頭）は貯木場、九号地（潮見埠頭）は石油の取扱埠頭として計画され、県は付属施設として貨物専用線を建設した。この県有の専用鉄道線は、既存の貨物線である名古屋港線（東臨港線）から東海通付近で分岐して高架線で堀円と山崎川を渡り、大江川に至る鉄道省（国鉄）の東臨港線を建設して結ぶ予定であったが、高架線建設への地元の反対などで工事が難航していた。

　各埋め立て地には工場の進出が相次ぎ、また、戦争の激化もあって軍部からも国鉄線（省線）との接続が強く要請されていた。そこで、1941（昭和16）年8月に名鉄線との暫定的な接続がまとまり、名電築港のヤードから南に連絡線を敷設し、築港線と平面交差して1943（昭和18）年8月に大江川橋梁の北で県有鉄道線と接続した。県有鉄道線（1951（昭和26）年からは名港管理組合）は名電築港貨物駅の構外側線として扱われ、名鉄社内では潮見町線と呼ばれた。

　東名古屋港一帯の貨物は大江駅経由で神宮前に輸送され、単線の東海道本線の跨線橋をわたり、神宮前駅の北にあったヤードを経て国鉄線（省線）に継走された。貨物の増加により、1942（昭和17）年7月10日に東海道本線の西側に旅客用の神宮前（西）駅を設け、常滑線の列車をすべて西駅発着として増加する貨物の輸送に対応した。1944（昭和19）年9月に新名古屋〜神宮前間の東西連絡線が開通すると、貨車の授受を神宮前（東）駅の北側から神宮前（西）駅側に移転し、神宮前（西）駅の伝馬町側には貨物ヤードを設けている。

　非電化の潮見町線の機関車は、戦時下は1942（昭和17）年に豊川鉄道から譲り受けたナスミス・ウィルソン製の13号機などのCタンク機、戦後は蒲郡線の電化によって余剰が生じた元尾西鉄道の12号機（明治村で動態保存）や元三河鉄道のバルカンファンドリー製709号機が使用され、1948（昭和23）年春からは、日本鉄道が輸入した1897（明治30）年製の英ベイヤー・ピーコック製2Bテンダ機関車で、稲沢機関区で廃車になった5500形5548の払い下げを受けて使用した。整備は名電築港貨物駅の西側に設けた東名港車庫で行われた。

　機関車は1959（昭和34）年からディーゼル機関車のDED8500形8584、8589が使用された。DED8500形は米軍が占領時に持ち込んだ1946（昭和21）年製の電気式ディーゼル機関車で、1958（昭和33）年まで那加の米軍岐阜基地や小牧基地の燃料輸送に使用されていたが、米軍の撤退により名電築港に移ってきた。

　九号地の埋立が完了する1961（昭和36）年になると、進出企業の増加で中部経済圏の石油基地として発展し、貨物輸送量が増大して常滑線の輸送能力を超え

ることが想定された。このため、国鉄笠寺駅を結ぶ名古屋臨海鉄道を設立し、貨物駅として七号地に東港駅を設けて貨物を集約することにして、1965(昭和40)年8月に開業した。これに伴い、名鉄が運行を受託していた潮見町線も、同社の路線となった。名古屋臨海鉄道発足時の路線長は19.6kmに達していた。

名古屋臨海鉄道開業後の名鉄線内からの貨物輸送は神宮前駅経由ができなくなることから、名電築港と潮見町線を結んでいた連絡線を使って名古屋臨海鉄道の東港駅を結ぶ東築線を整備し、そこを経由することで代替した。東築線の開業により神宮前(西)駅での国鉄熱田駅との貨車の授受は8月末で終了し、伝馬町信号場から西駅への路線と伝馬町ヤードは廃止された。貨車の牽引に活躍したDED8500形は、貨物扱い量の減少で1966(昭和41)年に廃車になった。

名古屋臨海鉄道開業後も、常滑線内の常滑や聚楽園などへの貨物輸送は残ったが、段階的に縮小され、1984(昭和59)年2月に国鉄が操車場で中継する方式を廃止し、拠点間直行方式に切り替えるのに伴い、前年の12月31日限りで全面的に廃止となった。1985(昭和60)年12月16日には東名古屋港駅での貨物取り扱い業務が日本通運、貨車輸送業務が名古屋臨海鉄道に委託され、名古屋臨海鉄道を経ての名鉄線への新車の搬入は電気機関車から名古屋臨海鉄道のディーゼル機関車の牽引となっている。1990(平成2)年11月25日には、旅客用の東名古屋港駅(東口)から貨物駅の東名古屋港間0.4kmが廃止され、築港線の路線長は1.5kmとなった。

東名古屋港を出発するデキ300形牽引の貨物列車。大江駅で折り返して常滑線に直通することから、築港線内は前後に機関車を付けて運転された。
1983.4.2 Ha

築港線の旅客輸送

東名古屋港には零戦の製造で知られる三菱重工業の名古屋航空機製作所をはじめ、多くの工場が立地することから、朝夕の従業員輸送も大きな使命で、戦争が激化すると輸送量は飛躍的に増加した。1932(昭和7)年1月30日には東六号を愛電築港、西六号を東名古屋港に、1935(昭和10)年8月1日には愛電築港を名電築港と改称している。1939(昭和14)年10月16日の大江〜東名古屋港間複線化時に名電築港の旅客営業が廃止されている。

戦時下で産業戦士と呼ばれた工場従業員の輸送には、電気機関車が非電装の車両を牽引する「丸産列車」を運転。車両には非電装のサ2550形(後の3550系)や故障した3400系などを使用し、海南島向けとして製造されたデキ600形が牽引した。こうした輸送方法は戦後も続けられ、大江〜東名古屋港間の運転には、電気機関車が両端について電装などを解除した客車を牽引した。客車には、名古屋電気鉄道が郡部線開業時に製造した電動貨車の台車・台枠をつかい車体を新造したサ50形や、三河鉄道、名岐鉄道の元ガソリンカー、さらには瀬戸線の開業時の車両など雑多な車両が使われた。客車を連ねた築港線の列車は、乗務員からは連結器の音から「ガチャ」と呼ばれた。客車の運転だけでなく、名古屋方面から直通した列車もあった。時期不明であるが東名古屋港駅は貨物専用となり、旅客営業は0.4km大江側の現在地に移されている。

車両は、1966(昭和41)年から、焼失車両を3800系と同じ車体で復旧したモ3750形を付随車化したサ2250形3両を電気機関車で牽引する方式に代わり、1969(昭和44)年からはモ3816を電装解除したク2815

とモ3818-ク2816を連結した1M2Tの3両組成が専用車として使用された。1975(昭和50)年には前年に正式に廃止となった東濃鉄道から1928(昭和3)年に川崎造船所で製造されたモハ112-クハ212を譲受し、モ3790形-ク2790形として、中間にク2815を組み込み3連で使用された。

3790系の使用は1985(昭和60)年2月11日で終了し、その後は手動加速制御の3700系HL車の2連を中心に運行された。しかし、2連では輸送力が不足するため、1987(昭和62)年6月29日からモ3716を電装解除して車号はそのままにTc化して築港線専用車となり、HL車2連と連結して3連で使用された。この間、1990(平成2)年11月25日に大江駅に築港線専用ホームが設けられ、集改札は専用線ホームへの連絡通路で行われるようになった。1991(平成3)年5月から2004(平成16)年10月まで、使われていない線路敷を使って中部HSST開発のHSST方式による磁気浮上式鉄道の実験が行われている。

HL車の運転は1996(平成8)年3月12日に終了し、廃車になった3850系、3900系の機器を再利用し、6000系5次車と類似の車体とした吊り掛け駆動車の3300系に交代して専用車の時代は終了した。3300系の使用は2003(平成15)年3月27日で終了し、その後は3100系、3150系、6000系などの2両組成が使用された。しかし、ラッシュ時の混雑が激しかったことから、専用ホームを4両編成用に延伸した上で2009(平成21)年10月3日から5000系4両組成に変更された。2011(平成26)年3月26日からワンマン運転が開始されたが、車両は5000系がそのまま使用されている。利用者数の減少に伴い、2024(令和6)年3月16日のダイヤ改正から、車両は9100系の2両組成と代わり、土曜ダイヤを廃止して、日曜ダイヤに統合している。

駅舎があり、出改札業務を行っていた頃の東名古屋港駅。貨物駅に対して旅客駅は、通称、東口と呼ばれた。
1983.7.9　Ha

朝夕しか列車が来ない東名古屋港駅東口の時刻表。
1983.7.9　Ha

新車輸送・廃車回送とイベント列車

築港線は、日本車両で製造される名鉄の新造車が最初に名鉄線への足跡を残すところである。1993(平成5)年2月からは名古屋市交通局の鶴舞線や桜通線など、1067mm軌間の車両も同ルートで輸送されている。

新造車は、国鉄の笠寺駅から名古屋臨海鉄道の東港駅を経由し、ここで折り返して東築線で名電築港に至り、再び折り返して東名古屋港に向かい、さらに折り返して大江に向かう。かつて新造車の輸送は名電築港から名鉄の電気機関車が牽引したが、現在は名古屋臨海鉄道のディーゼル機関車が牽引している。

また、近年の廃車車両の解体は貨物駅の名電築港の南で行われることが多く、このため大江から東名古屋港まで廃車車両が回送される。東名古屋港までは自力で走ることが多いが、機器などを外している場合はEL120形電気機関車が牽引する。車両の回送にあたっては、線路を閉鎖扱いにして、運行される。

朝夕は列車が走らない特殊な路線故に、イベントで普段は走らない列車が走ることも少なくない。1982(昭和57)年2月28日には、常滑線開業70周年とデキ370形376の廃車を記念して、デキ401＋モ810＋貨車＋デキ376の混合列車が東名古屋港まで運転された。そのほか、流線形の3400系や近年は空港線用のミュースカイも運転されている。

■貨物列車

　末期の築港線の貨物列車は常滑線からの継送で、大江で進行方向が変わることから、線内は両側に機関車を付けて運転された。末期の運行は常滑まで2往復、聚楽園経由太田川まで1往復で、貨物列車は旅客ホームのある通称、東名古屋港東口駅から名古屋港側400mの所にある貨物駅まで運行された。

大江駅を出発するデキ600形牽引の貨物列車。デキ600形は1943（昭和18）年に東芝で製造された当時の私鉄標準型電気機関車で、603、604は中国・海南島の日本窒素工場へ送られる予定の機関車を購入している。駅西側には側線が広がっており、明治村での展示を目的に留萌鉄道から購入した客車がシートをかけて留置されていた。
1972.10　Ha

貨物駅にあった東名古屋港駅の駅舎。
1982.2　Ha

築港線を走るデキ300形302牽引の貨物列車。大江駅で進行方向を変えて常滑方面へ運転することから、前後に機関車をつけている。デキ300形は貨物輸送が盛んだった三河鉄道が電化に備えて1926（大正15）年に製造されたキ10形で、一畑電鉄から購入した車両も含め6両があった。
1983.4.2　Ha

第3章 築港線

■通勤列車

　朝夕に大江と東名古屋港東口間で運転された通勤列車は、乗務員からは「ガチャ」と呼ばれた。1969（昭和44）年6月に電車化されるまでは、両端が電気機関車で中間に動力を外した電車や気動車などが客車として連結されており、連結器がガチャガチャ音を立てたことがその由来だろう。

　運行状況は時代によって異なるので、それらを順に紹介したい。

● 客車時代（1969（昭和44）年6月22日まで）

　両端は電気機関車で、その間に動力を外した電車や気動車など、雑多な車両が客車として連結されていた。客車時代は、1969（昭和44）年6月22日に3800系電車の3連に置き換えるまで続いた。

名電築港の東築線との平面交差付近を走るデキ900形牽引の通勤列車。デキ900形は1944（昭和19）年に日鉄自動車で台車はTR-14を履き、GE製の電動機を流用して製造された。コンクリートの死重を積んで、自重が35㌧あった。
1958　Si

デキ370形を先頭に東名古屋港東口に到着する通勤列車。客車は大曽根（後の小牧）線用のガソリンカーであるキボ50形を客車にしたク2060形。この車両は1966（昭和41）年まで使用された。1961.6　Si

デキ370形が牽引する通勤列車。2,3両目に元三河鉄道ガソリンカーのキ80形だった流線形のサ2220形が連結されている。
1958.8　Si

大江駅付近を走るデキ303牽引のサ2250形。サ2250形は焼失車両であるモ3301、モ3304、モ914を、当時、量産中だった3800系と同じ仕様の車体を製造し、制御方式を手動進段のHL車として復旧したモ3750形を電装解除した車両で、1966（昭和41）年に台車を廃車の電気機関車から発生品に取り替え、付随車化して築港線に転用された。1969（昭和44）年6月まで築港線で使用された。
1969.4　Si

・3800系時代（1969（昭和44）年6月22日〜1975（昭和50）年6月）

　サ2250形に代わり1969（昭和44）年6月22日からク2815-モ3818-ク2816の3両組成が運行された。ク2815はモ3816の電装解除車で、モ3818はパンタをFS13に替え、直列段のみ使用した。1975（昭和50）年に3790系が使用されると、ク2815はその中間車となり、モ3818-ク2815の編成は本線に復帰して、1981（昭和56）年まで使用された。

大江駅留置線に停まるク2815-モ3818-ク2816の3両組成。モ3816から電装解除されたク2815にはパンタ台が残っている。
1972.1.22　Ha

・3790系時代（1975（昭和50）年6月〜1985（昭和60）年2月11日）

　東濃鉄道駄知線のモハ112-クハ212で、元は1928（昭和3）年に川崎造船所で製造された西武鉄道のモハ151形とクハ1151形。1964（昭和39）年と1966（昭和41）年の2度にわたり4両が東濃鉄道に譲渡され、モハ110形、クハ210形となった。駄知線（土岐市〜駄知間）は1972（昭和47）年7月の豪雨で土岐川橋梁が流されたことから全線運休となり、復旧されずに1974（昭和49）年10月に廃止されている。本線車両が不足することから、築港線で使用していた3800系2連（モ3818-ク2816）を本線に復帰させるため同編成を譲受し、モ3790形-ク2790形として、中間にク2815を組み込み3連で使用された。1985（昭和60）年2月11日まで使用され、廃車になった。

築港線を走る3790系。築港線の上部には、1939（昭和14）年の複線化時に建てられた送電線を兼ねた立派な鉄柱が並んでいたが、1991（平成3）年以降、HSST実験線の建設に伴い、大半が撤去された。1981.5.9　Ha

大江駅を発車する3790系。運行最終日で、朝の運行が終了後、太田川に回送され、廃車になった。1985.2.11　Ha

・HL車2連時代
（1985(昭和60)年2月11日
～1987(昭和62)年6月29日）

　3790系引退後はHL車の2連の運行となったが、2連では輸送力が不足した。

3790系廃車後は、HL車2連で運行された。
1985.4.25　Ha

・3300系時代
（1996(平成8)年3月12日
～2003(平成15)年3月27日）

　HL車の引退に伴い、車両は3850系や3900系のOR車を車体更新した3300系に代わった。

1998.3.1　Ha

・5000系時代
（2009(平成21)年10月3日
～2024(令和6)年3月15日）

・HL車3連時代
（1987(昭和62)年6月29日
～1996(平成8)年3月12日）

　輸送力不足だった対応として、1987(昭和62)年6月29日からモ3716を電装解除して車号はそのままにTc化で築港線専用車として、HL車2連と連結して3連で使用された。

築港線を走るク3716＋3730系2連。ク3716は電装解除されたが、室内照明等のため、集電装置は残されていた。このあと、整地された場所にHSSTの実験線が建設された。
1990.6　Ha

・2連時代
（2003(平成15)年3月27日
～2009(平成21)年10月3日）

　3300系の引退に伴い、車両は3100系、3150系、6000系などの2両組成が使用された。築港線名物となっている平面交差は、戦時下に名電築港貨物駅と現在は名古屋臨海鉄道の路線となっている名古屋港埋め立て地の専用線とを結んだ名残である。

2008.3.29　Ha

　2両組成では混雑が激しいことから4両編成を使用することになり、ホームを延長して5000系4両組成が使用され、2011(平成26)年3月26日からワンマン運転も行われている。5000系は2024(令和6)年3月16日のダイヤ改正で、9100系の2両組成に代わった。

2021.9.24　Ha

■新車輸送と廃車回送

名鉄の新車は、東海道本線を甲種輸送された後、名古屋臨海鉄道の東築線を経て名電築港で名鉄線に入り、東名古屋港を経由して、一旦、大江まで輸送され留置される。この輸送は、名電築港から名鉄の電気機関車で行われていたが、1985(昭和60)年12月に東名古屋港での貨車輸送業務が名古屋臨海鉄道に委託されたため、以後の車両牽引は大江まで名古屋臨海鉄道のディーゼル機関車に変更された。

また、事例は限られるが他社への譲渡や東名古屋港の保税岸壁からの輸出車両の輸送も、名古屋臨海鉄道のディーゼル機関車が使用される。

廃車になった名鉄車両の解体は、近年は名電築港の南で行われている。多くの場合、線路を閉鎖して旅客ホームのある東名古屋港まで自力で回送されるが、機器を外した場合にはEL120形電気機関車が牽引することもある。

• 新車搬入

デキ600形に牽かれて大江に到着する6000系1次車。この頃、築港線の北には貯木場が広がっていた。1976.11.22　Ha

デキ400形に牽引され、大江駅に到着した6000系5次車。側窓が連続固定窓から小型の開閉窓に変わった最初の車両である。1980.3.24　Ha

大江駅構内は1991(平成3)年に大幅に改良され、留置線が増設された。全車特別車の1000系を一部特別車に組成変更するため新製された1200系をデキ600形が須ヶ口の新川工場まで牽引する。1991.9.11　Ha

1993(平成5)年2月からは、名古屋市交通局の車両も築港線経由で輸送されるようになった。名古屋市交通局桜通線用の6000系をデキ600形重連が日進工場のある豊田線の赤池まで牽引する。1993.5.25　Ha

1986(昭和61)年以降の車両輸送は、名古屋臨海鉄道のディーゼル機関車が名電築港から東名古屋港を経て、大江まで牽引するようになった。EL120形電気機関車を牽引する名古屋臨海鉄道のND5528。2015.1.30　Ha

• 他社への譲渡

1997（平成9）年には架線電圧を1500Vに昇圧する豊橋鉄道に譲渡のため、名電築港貨物駅から7300系が搬出された。
1997.4.14　Ha

2001（平成13）年12月には、特急「北アルプス」に使用されていた8500系が会津鉄道への譲渡のため、搬出された。
2001.12.24　Ha

2015（平成27）年12月におこなわれたJR東海所属だったキハ40系のミャンマーへの譲渡にあたっては、東名古屋港の保税岸壁から積み出しがおこなわれた。
2015.12.2　Ha

• 廃車回送

廃車のため、築港線を自力で回送するデキ600形。この後、名電築港で解体された。2015.7.21　Ha

車両を解体する東名古屋港までの廃車回送は自力で行われることが多いが、機器を取り外すなどして自走できない場合は電気機関車のEL120形が牽引する。東名古屋港から名電築港までは軌陸車が牽引する。2016.8.22　Ha

■イベント列車

常滑線開業70周年とデキ370形376の廃車を記念して、デキ401＋モ810＋貨車＋デキ376の編成で運行された混合列車。イベントとして、機関車と客車を連結した混合列車の運転は、最初にして最後だった。デキ370形は1925（大正14）年に2両を輸入、翌年から1929（昭和4）年に7両が製造された凸型車体の電気機関車で、全部で9両あった。2007（平成19）年に残っていた3両が廃車になり、全廃となった。
1992.2.28　Ha

築港線は昼間帯に列車が運行されず、乗りづらい路線であることから、趣味団体などの貸切列車がよく運転される。流線形車両である3400系が1993（平成5）年に鉄道友の会のエバーグリーン賞を受賞すると、何度も貸切運行がおこなわれた。前面のスカートを外した3400系が名電築港の平面交差を通過する。
1998.8　Ha

第3章 築港線　81

コラム 潮見町線の機関車

現在はその多くが休止線となってしまったが、名古屋港の七〜九号地に張り巡らされていた名古屋臨海鉄道の貨物線は、愛知県が埋立地の付属施設として建設した。当初は、大江川から北は鉄道省（国鉄）の建設する東臨港線を経て、既存の貨物線である名古屋港線（東臨港線）と結ぶ予定だったが、高架線建設への地元の反対などで工事が難航していた。

各埋立地に工場が進出すると、軍部から国鉄線（省線）への貨物輸送を強く要請され、1941（昭和16）年に暫定的に名鉄線と接続することになり、貨物駅の名電築港から南に連絡線を設け、1943（昭和18）年8月に大江川橋梁の北で県有鉄道線と接続した。築港線にある平面交差は、こうした歴史の名残である。

県有鉄道（後に名古屋港管理組合）の路線は、名電築港貨物駅の構外側線として扱われ、運行は名古屋鉄道に委託された。九号地が潮見町であることから名鉄社内では潮見町線とも呼ばれた。（汐見町線と記される場合もある）潮見町線の運行は、名電築港貨物駅の西側に設けられた東名港車庫を拠点に蒸気機関車やディーゼル機関車が活躍し、名古屋臨海鉄道が発足する1965（昭和40）年まで続けられた。

貨物駅の名電築港の西側にあった東名港車庫。潮見町線で働く機関車の車庫だった。タンク機関車の13号は1897（明治30）年に豊川鉄道が開業にあたり、英国のナスミス・ウィルソンから3両輸入した機関車の1両（3号機）で、国有化前に廃車になり、1943（昭和18）年に名鉄が購入して10形13号となった。1958．Si

潮見橋を渡る5500形5548。潮見橋は八号地と九号地を結び、1936（昭和11）年に架橋された。九号地は石油基地なので、貨車はタンク車が多かった。5548は1897（明治30）年製の英ベイヤー・ピーコック製2Bテンダ機関車で、日本鉄道が輸入して183号となり、国有化後は5548となっていた。1948（昭和23）年に稲沢機関区で廃車になった5500形5548の払い下げを受け、潮見町線で使用された。1958.12　Si

名古屋市電東臨港線との平面交差を渡る5548。この北には築港線との平面交差もあり、3箇所の平面交差が続く。1958.12　Si

石油基地となった9号地を走る5548。9号地の埋め立ては1961（昭和36）年に完成し、その頃には214基の石油タンクが並ぶ一大石油基地となった。1958.12　Si

DED8500形は米軍が占領時に持ち込んだ1946(昭和21)年製の電気式ディーゼル機関車で、1956(昭和31)年に8584と8589の2両の払い下げを受けた。同時期に国鉄機となった5両はDD12となった。米軍が駐留した那加の岐阜基地と小牧基地付近で駐留軍の燃料輸送等に活躍し、1958(昭和33)年に築港線に移り、代わって5548は1959(昭和34)年に廃車になった。
1958.12　Si

潮見町線を走るDED8500形8589。車体色は栗色だった。貨物扱い量の減少で1966(昭和41)年に廃車になり、フィリピンに売却された。
1958.12　Si

名古屋臨海鉄道開業時の路線図　出典：名古屋臨海鉄道25年史

第3章 築港線　83

コラム 築港線通勤列車の客車

築港線の通勤列車が両端に電気機関車をつけてシャトル運転されていた昭和30年代、客車には、古典的な2軸単車や機関を外した元ガソリンカーなどが使われていた。

大江駅側線に並ぶ2軸客車群。サ50形51,52、元美濃電気軌道セミシ67形で名鉄ではモ120形となり、その後電装解除された127などが並んでいる。1955.7 Si

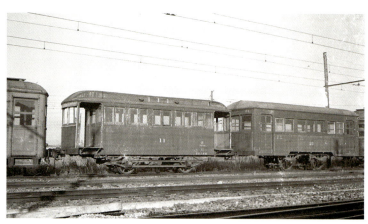

サ10形11
元は1907（明治40）年に名古屋電車製作所で2両が製造された瀬戸電気鉄道最初期の車両であるテ1形3,4。1921（大正10）年に電装を解除してレ1形3,4、名鉄合併後はサ10形11,12となり、サ12は戦災をうけ1947（昭和22）年、サ11は1957（昭和32）年に廃車となった。1957.12 Si

サ20形21
元は1908（明治41）年に名古屋電車製作所で付随車として2両が製造された瀬戸電気鉄道最初期の車両であるレ5,6。屋根は当時としては珍しい丸屋根だった。名鉄合併後はサ20形21,22となり1957（昭和32）年に廃車となった。1957.12 Si

サ50形53
元は名古屋電気鉄道が1912（大正元）年に35両を製造した電動貨車のデワ1形。1940（昭和15）年に残っていたデワ1〜8の8両を廃車し、1942（昭和17）年に台車、台枠を使って自社新川工場で木造車体を製造した木造2軸単車で、各務原線で使用の後、築港線に転じ、1957（昭和32）年に廃車になった。1957.12 Si

モ130形134
1927（昭和2）年の谷汲山華厳寺のご開帳輸送のために6両が製造された谷汲鉄道のデロ7形。車体長9.9mの半鋼製車で、1949（昭和24）年にモ130〜135となり、電装解除後、築港線で使用され、1959（昭和34）年までに廃車になった。1955.7 Si

ク2010形2011
1923（大正12）年に製造された愛電初の制御車附2形で、後にサハ2000形制御車となった。愛電時代には制御車をサハと称していた。サハニ2000形となった2010、2011は郵便室を設けて、その部分には白帯をまいていた。
1958.5　Si

サ2110形2111
岡崎電気軌道が1924（大正13）年の井田～門立間の鉄道線開通に備え、大樹寺～門立間用に製造された正面5枚窓の木造ボギー車。2両あったが、201は三河鉄道時代の1938（昭和13）年に電装をとかれて付随車サハフ45となり、名鉄合併後はサ2110形2111となった。廃車時には、近江鉄道からの珍しいリンケホフマン台車を履いていた。1960（昭和35）年に廃車になった。1957.12　Si

サ2250形2251
戦時下の車両不足に対応するため、1943（昭和18）年に近江鉄道から2両を購入した車両で、元はクハ21形23、25。名鉄ではサ2250形となって竹鼻線で使用の後、1949（昭和24）年の改番で2251、52と付番され、1960（昭和35）年に廃車になった。1957.12　Si

サ2220形2221
1937（昭和12）年に日本車両で製造された三河鉄道の流線形ガソリンカーのキ80形で、戦時下に付随車化されてサ2220形になった。1960（昭和35）年に制御車化されク2220形となって瀬戸線に移り、1973（昭和48）年まで活躍した。
1957.12　Si

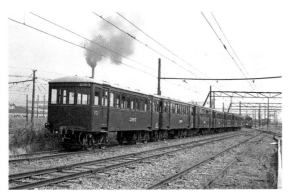

ク2060形
名岐鉄道が1931（昭和6）年に開通した大曽根線（現・小牧線）と勝川線用に日本車両で10両を製造したキボ50形ガソリンカーが前身。戦中から戦後にかけて動力を外して付随車化されサ2060形に改番、後に制御車化されク2060形となった。1961（昭和36）年から築港線で付随客車として7連で1966（昭和41）年まで使用され、1967（昭和42）年に廃車となった。1961.6　Si

サ2250形2253
1948（昭和23）年8月27日に太田川車庫の火災で焼失したモ3301、モ3304、モ914を、当時、量産中だった3800系と同じ仕様の車体を製造して復旧した車両であるが、制御方式は手動進段のHLだった。サ2253は、元知多鉄道のモ914。1966（昭和41）年に台車を廃車の電気機関車から発生品に取り替えて付随車化され、1969（昭和44）年まで築港線で使用された。1969.4　Si

コラム 磁気浮上式鉄道「リニモ」の実験線

愛知高速交通により東部丘陵線として運行されている磁気浮上式鉄道「リニモ」。実用化に向けての実験線が、1991（平成3）〜2004（平成16）年の間、築港線に沿いにあった。

「リニモ」は1974（昭和49）年から日本航空（JAL）により、HSST（High Speed Surface Transport）として開発された。車体に取り付けられた電磁石が下の方からレールに吸引しようとする力で浮上し、リニアモータで走行する常電導吸引型の磁気浮上式鉄道で、日本航空で成田空港へのアクセス手段として開発が始められた。その後、博覧会などで展示走行が行われたが、公共交通機関としての実用化のためには、信頼性や異常時の安全性などを実験線で検証する必要があった。名古屋市東部の東部丘陵地区を「あいち学術研究開発ゾーン」として開発を計画していた愛知県は、輸送手段としてHSSTの導入を計画し、名鉄に協力を要請。名鉄・愛知県・JALから分離した㈱HSSTが協力して実用化に取り組む方向でまとまり、1989（H1）年に中部HSST開発㈱が設立され、大江実験線が建設された。

大江実験線は、築港線の大江〜東名古屋港間1.5kmの北側部分を使い、急勾配での走行性能を調べるため60‰と70‰の勾配、急曲線での走行性能を調べるため、半径100mと25mの曲線が設けられた。また、分岐装置の性能や走行性能を確かめるため、大江駅構内に分岐装置が設置された。車両は、100km/hの走行を目標に車長8.5mの2両ユニットのHSST-100形（後の100S形）が製造された。

実験線は1991（平成3）年に完成し、5月21日から実験走行が始められた。実験は1993（平成5）3月末で一定の成果を上げ、学識経験者・運輸省・建設省の委員により組織された実用化研究調査委員会から「実用化問題なし」という評価をもらうことができた。その後は実用化に向けて長期継続試験が継続され、1995（平成7）年には車体長が14.4mと長い100L形が入線している。

東部丘陵線は1992（平成4）年の運輸政策審議会答申第12号で2008年までに中量軌道系の交通システムとして整備することが適当とされ、建設地が60‰の急勾配が続く丘陵地であることやシステムの先進性から、磁気浮上式鉄道が選定された。こうした中、東部丘陵で1997（平成9）年に2005年日本国際博覧会（通称愛知万博）の開催が決定し、地下鉄東山線の藤ヶ丘から愛知万博の会場を経て愛知環状鉄道の八草駅まで8.9kmが建設されることになり、路線愛称を「リニモ（linimo）」として2005（平成17）年3月6日に開業した。

実験線での走行は2004（平成16）年まで行われ、役目を終えた実験線は同年11月から撤去された。実験に使われたHSST-100Sは舞木検査場に保存されている。

1991（平成3）年から実験に使用されたHSST-100S形。1993.5.25 Ha

1995（平成7）年から実験に使用されたHSST-100L形。1997.4.14 Ha

大江駅を出て半径100mの曲線を曲がり、60‰の勾配を下るHSST-100S形。1993.5.25 Ha

築港線の北側に設けられた実験線を走るHSST-100S形。直線が続くこの区間では100km/hの速度まで出して試験が行われた。1993.5.25 Ha

第4章
河和線
【太田川〜河和間 28.8km】

　常滑線の太田川で分かれ、知多半島の先端に近い河和を東岸に沿って結ぶ河和線は、古くから海運業や醸造業で栄えた半田市を結ぶ知多半島の基幹路線であるとともに、南知多のリゾート地を結ぶ観光路線でもある。1931（昭和6）年に知多鉄道として成岩まで開業した路線は、高速運転を目指して知多半田まで複線で、直線の多い良好な線形で建設され、併行する国鉄武豊線よりも優位にたった。昭和30〜50年代には、夏の海水浴輸送で河和に向けて特急が大増発された。

河和駅に並ぶパノラマカー。1980（昭和55）年に知多新線が内海まで開業するまでは、河和が海水浴の拠点で、次々とパノラマカーが発着した。1977.8.23　Ha

河和線小史

開業時から名古屋本線との直通運転の開始

　知多半島中央部の東岸に位置する半田町（1937（昭和12）年市制施行）は江戸中期から醸造業で栄え、19世紀中頃には半田運河が開かれて港湾都市として発展し、明治以降は知多半島の行政の中心都市となった。1886（明治19）年3月1日には東西を結ぶ幹線鉄道への資材運搬の目的で、愛知県下初の鉄道（現・武豊線）が開業した。1912（大正元）年12月には愛知電気鉄道が横須賀〜半田間の路線免許を得ていたが、不況などによる経営悪化で着工するには至らなかった。

　1925（大正15）年になると、地元の名望家により知多電気鉄道が計画され、愛知電気鉄道に協力を求めてきた。同年11月に太田川〜河和間の免許を得て発起人会が開かれ、愛知電鉄が1/3を出資した。1927（昭和2）年10月に創立総会が開かれ、社名は「知多鉄道」と名付けられた。

　第一期工事区間の太田川〜成岩間15.8kmは、国鉄武豊線への対抗もあって、高速電気鉄道を目標に直線の多い線形で、太田川〜知多半田間は複線で軌条は37kg/mを使用して建設され、架線電圧は1500Vで3位式自動閉塞信号機も採用された。車両は運転台と反対側の乗務員扉を幅広の引戸とするなど、愛知電鉄の高速列車用デハ3300形のデザインを踏襲し、車体長をやや短くした16m両運転台でクロスシートを備えたデハ910形910〜914、916〜918の8両（915欠）で、形式の由来は製造された1931（昭和6）年が皇紀2691年であることにちなんでいる。大きな特徴は単行運転時の故障に備えて2つのパンタグラフを備えていたことで、これをアクセントとして精悍な外観となった。

　開業は1931（昭和6）年4月1日で、経営や運行が愛知電鉄に委託されていたことから同社の1500V線区用の全車両が運行認可を得ており、知多線として実質的には愛電の1路線の扱いだった。列車は常滑線に直通し、神宮前〜知多半田間を急行が35分で運行した。当時、武豊線は蒸機列車で1日7往復の運転で、最速列車では

愛知電気鉄道との接続駅である太田川に停まるデハ910形。知多鉄道の経営や運行は愛知電気鉄道に委託されており、列車も直通して、実質的に愛知電気鉄道の1路線の扱いだった。出典：絵はがき　所蔵：Ha

四海波付近を走るデハ910形。単行運転時の故障に備えて2つのパンタグラフを備えていたことが大きな特徴だった。

熱田まで約50分ほどであったが、ほとんどの列車で大府での乗換があり、多くの乗客が知多鉄道に移った、という。こうした状況に鉄道省（国鉄）側も対抗して1933（昭和8）年7月にガソリンカー（気動車）に切替え、駅を増設し、運行本数も24往復に増加するなどして対抗策をとった。

路線は1932（昭和7）年7月1日に成岩〜河和口間10kmを単線で延伸。河和口まで40分で走る特急1往復を運転した。1935（昭和10）年8月1日には河和口〜河和間3kmを延伸し、全通している。知多鉄道の全通により、南知多の海水浴場や観光地が、一躍、名が知られるようになった。

戦時下には、単線だった神宮前の跨線橋を渡る列車を貨物優先としたため、常滑線と河和線の列車は1942（昭和17）年7月10日に開業した神宮前（西）駅の発着となった。直通運転が復活するのは海水浴輸送を控えた1950（昭和25）年7月10日で、昼間帯の名古屋〜岐阜間特急復活にあわせ、河和線内が急行の列車が運転された。1951（昭和26）年10月7日のダイヤ改正では、速度を向上すると共に犬山線との直通運転が増加している。名鉄百貨店が開店した1954（昭和29）年11月15日には常滑・河和線列車の大部分が名古屋本線に直通するようになった。

設備の改良による輸送力強化

観光需要が高まり、1958（昭和33）年4月に三河湾国定公園が制定されると、風光明媚な知多半島南部の観光地が注目されるようになった。設備の改良が進められ、1958（昭和33）年5月に単線区間だった成岩〜富貴間で自動閉塞の使用が始まり、同年7月17日に河和まで延伸されてCTCによる制御が行われた。その後、複線化が進められ、1966（昭和41）年6月21日に富貴まで、1974（昭和49）年5月16日には河和口まで完了した。

河和線への観光列車の運転は、1953（昭和28）年3月22日から日・祝日に運転された「南知多」号が始まりで、新岐阜〜河和間を3850系で運転した。日曜特急の「南知多」号は、その後も春・秋シーズンに運転された。1960（昭和35）年10月2日のダイヤ改正では日・祝日に通年運行の観光列車として「南知多号」が設定され、

河和で南知多めぐりの観光バスに接続した。「南知多号」は翌1962(昭和37)年6月25日の改正で増発され、2往復となった。夏の海水浴シーズンには数多くの臨時列車が運転されたが、1961(昭和36)年7月23日には冷房車で座っていける初の座席指定特急である「内海」号の運転が始まっている。

定期の特急は1964(昭和39)年9月14日のダイヤ改正で新岐阜〜新名古屋間急行の延長として時間あたり1本設定され、新名古屋〜河和間を河和線内は太田川、知多半田、知多武豊に停まり、新名古屋―知多半田間30分、河和間を45分で運転した。特急重視の方針に則って、1966(昭和41)年12月25日には特急が時間あたり2本の運転となり、座席指定特急の定期的な運転開始を経て、1975(昭和50)年9月16日に急行化されるまでこの体制が続けられた。

1966(昭和41)年3月25日からは観光特急の「南知多号」の平日の運転が始まり、1.5往復が運転された。1967(昭和42)年12月に座席指定料金が通年認可となったことを受けて、1969(昭和44)年3月21日には「南知多号」が「日本ライン号」とともに通年運行の座席指定特急となり、平日に1.5往復、休日に2.5往復が運転された。「南知多号」は1970(昭和45)年5月25日から朝夕にも運転され、座席指定の観光特急からビジネス

特急運転が開始された頃の1965(昭和40)年3月21日の河和線時刻表

河和口に停まる5200系の観光列車「南知多号」。日祝日に運転され、昭和40年代になると、座席指定特急に発展する。
1961.7　Si

特急へと変貌していく。1974(昭和49)年9月17日のダイヤ改正ではラウンドダイヤ化されて、名称を「南知多」として時間あたり1本の運転となった。

一方、夏期シーズンに運転される座席指定の海水浴特急は年毎に運行本数を増やし、1970(昭和45)年夏には30分間隔の運転、1974(昭和49)年夏のピーク時には20分間隔の運転となった。河和口～河和間には単線区間が残り、また、待避設備も限られる中で、それらを使って線路容量の限界まで運転が行われた。座席指定特急は名鉄海上観光船と連絡する列車に「しのじま」「伊勢湾」「いそづり」、海水浴の臨時特急に「かっぱ」「いるか」「とびうお」の名称が付けられた。

1978(昭和53)年には河和駅が1線増設されて2面4線となり、1979(昭和54)年4月7日には河和駅総合ビルが完成し、南知多観光の拠点として整備が進んだ。

河和への特急は、昭和30年代から「南知多」の名称がつけられていた。定期特急の「南知多」の名称が変わるのは、1980(昭和55)年6月5日の知多新線開業による「しのじま」「みはま」への変更で、さらに1982(昭和57)年3月21日の改正で、原則、終着駅表示に変わり、定期特急の名称は姿を消した。
1979.11.12　Ha

知多新線全通後の河和線

1980(昭和55)年6月5日に知多新線が内海まで開業すると、海水浴輸送の比重は内海に移り、河和は篠島、日間賀島や伊良湖への海上輸送や南端の師崎方面などへのバス輸送連絡が中心となった。1時間に1本の河和行き定期特急は、篠島・日間賀島への名鉄海上観光船に接続する列車は「しのじま」、その他の列車は「みはま」と改称された。こうしたバラエティに富んだ名称は、1982(昭和57)年3月20日の改正で、原則、終着駅を表示するようになって姿を消している。

1983(昭和58)年7月21日には待避線を持った阿久比駅が開業し、緩急接続が行われるようになった。1988(昭和63)年12月28日には知多半田駅の橋上駅舎が完成すると共に、翌89(平成元)年3月5日には下り待避線が完成し、南知多方面への接続が改善された。近年は高架化が進められ、2000(平成12)年5月20日に高横須賀駅付近1.9km、2011(平成23)年12月17日には太田川駅付近の河和線0.7kmが高架化され、上り線は3階に発着することになった。さらに2013(平成25)年11月16日には青山駅(旧南成岩)付近の1.3kmが高架化されている。

この間、2005(平成17)年1月29日に南成岩が青山に改称されるとともに、2006(平成18)年12月16日には椋岡、布土の2駅が廃止されている。2024(令和6)年3月16日には、高横須賀～南加木屋間の横須賀隧道東側に、加木屋中ノ池が新規開業した。

高横須賀駅

　1931（昭和6）年4月1日に知多鉄道の駅として開業。1943（昭和18）年2月1日に知多鉄道の合併により、名古屋鉄道の駅となった。

　時期不明であるが、駅員が配置され、有人駅となった。1970（昭和45）年11月4日に駅南側の駅舎と反対側にある横須賀高校、横須賀中学の通学利用者のためのフリー改札が設置されている。1984（昭和59）年7月16日に再度、無人化され、ホームは1987（昭和62）年に4両から6両に延伸された。2000（平成12）年5月20日に駅前後の1.9kmが高架化され、6両の相対式ホームのある高架駅となった。同年5月23日には名鉄で初めて駅集中管理システムが導入され、隣の太田川駅から遠隔管理されている。

　駅の南加木屋寄りは、知多半島の丘陵地帯を越えるため、切り通し区間となり、河和線唯一のトンネルである60.96mの横須賀隧道がある。この丘陵地には1953（昭和28）年に移転した横須賀高校があり、昭和50年代から中ノ池住宅として開発が進み、2015（平成27）年には公立西知多総合病院が開設されている。こうしたことから東海市より新駅設置の要望があり、横須賀隧道東側に2024（令和6）年3月16日に2面2線の相対式ホームの加木屋中ノ池駅が開設された。

ツツジが咲く中ノ池住宅の切り通しを走る5300系。分割民営化された東海道本線対策として、初期SR車の5000系や5200系を置き換えるため主要機器を再利用して製造された急行用車両で、界磁チョッパ制御の5700系と共に、パノラマカーなきあと、名鉄最後の2扉クロスシート車となった。
2008.5.3　Ha

高横須賀駅　1959頃

横須賀隧道東側の中ノ池住宅の中を走る区間は、法面にツツジやサツキが植えられ、春には車窓が華やぐ。
1988.6.11 Ha

第4章 河和線 93

南加木屋駅

　1931(昭和6)年4月1日に知多鉄道の駅として開業。1943(昭和18)年2月1日に知多鉄道の合併により、名古屋鉄道の駅となった。

　当初は無人駅であったが、1946(昭和21)年4月に駅員が配置されている。急行停車駅で、1983(昭和58)年3月11日に駅舎が改築され、跨線橋が設置された。駅集中管理システムが導入された2007(平成19)年2月6日に上り側の太田川方面の改札口が新設され、3月に下り側の駅舎が改築されている。2023(令和5)年12月23日に終日無人化された。

　駅の北0.7kmの所には、同時に開設された加木屋駅があったが、1944(昭和19)年に休止となり、1969(昭和44)年4月5日に正式に廃止されている。2024(令和6)年3月16日に開設された加木屋中ノ池駅は、廃止された加木屋駅の北0.7kmに位置する。

南加木屋駅舎　1985頃　出典：れいめい

秋の南加木屋駅付近を走る3730系HL車モ3758-ク2758。3730系は半鋼製車HL車を1964(昭和39)～1966(昭和41)年にかけて車体更新をしたもので、3700系とは踏切事故対策として運転台が嵩上げされたこと、ラッシュ対策から客室扉を1400mmの両開きとしたなどの違いがあった。
1979.10　Ha

半田街道とも呼ばれる県道55号名古屋半田線の架道橋の南側を走る。この付近から横須賀隧道にかけては、2024(令和6)年3月16日の加木屋中ノ池駅開設に伴い、跨道橋の架け替えなど、線路の位置が移動している。　2008.5.3　Ha

南加木屋の北を走る7000系7045編成の河和行特急。1982.3.22　Ha

南加木屋駅付近を走る全車特別車の1000系特急。1000系は7000系の後継車として1988（昭和63）年に登場したハイデッカーの前面展望車で、1997（平成9）年までに4連21本の84両が製造された。しかし、特急施策の変更により名古屋本線で特別車と一般車の併結を行うことになり、一般車の1200系を製造して1000系4連6本を分割して6両組成化した。その後、ミュースカイを除く全特急列車を一部特別車編成とすることになり、2008（平成20）年12月27日改正で河和線の特急は全列車が一部特別車編成となった。全車特別車の1000系15本は廃車となり、その機器を用いて5000系が製造された。2008.12.19　Ha

八幡新田駅

　1931（昭和6）年4月1日に知多鉄道の駅として開業。駅の所在地は東海市であるが、駅名は知多市にかつて存在した八幡町と東浦町の新田の合成である。

　1980（昭和55）年に6両化された相対式ホームをもつ2面2線の無人駅だったが、2007（平成19）年3月に駅集中管理システムの導入により、自動改札機を設置するための駅舎が上下線とも太田川寄り、半田寄りに各2箇所の計4箇所に設置されている。

簡単なベンチがあるだけで、上屋もない八幡新田のホーム。1967.8　Si

八幡新田に到着する850系。1963.5　Si

のどかな雰囲気の八幡新田を出発する3850系。1959.1　Si

巽ヶ丘駅

　名鉄が戦後はじめて手がけた分譲住宅の巽ヶ丘住宅地の造成にあわせ、1955 (昭和30) 年7月10日開業。駅名は、名古屋の東南方、辰巳の方角にあることにちなむ。駅名の「巽」の文字は旧字体を使っている。急行停車駅で駅舎は西側にあるが、東巽ヶ丘団地の造成により1987 (昭和62) 年に東側にも駅舎が設けられるとともにホームが8両に延伸された。

　1996 (平成8) 年4月26日に西側の駅舎が改築され、2006 (平成18) 年7月14日にトランパスのシステムが導入されている。ホームは8両編成対応の2面2線の相対式で、2006 (平成18) 年10月にホーム幅の拡幅とバリアフリー化が行われている。2023 (令和5) 年7月1日に終日無人化された。

巽ヶ丘駅舎。後に東側にも駅舎が設けられた。1958頃

巽ヶ丘駅に停まる3900系の河和行急行。1958.4　Si

巽ヶ丘駅に到着する3850系ク2857-モ3857ほか。この車両は、1958 (昭和33) 年の一ツ木事故で全焼し、3700系に似た全金属製の車体で復旧されている。巽ヶ丘駅周辺は住宅が広がり、名古屋のベッドタウンとなっている。
1974.6　Si

巽ヶ丘駅南を走る3900系。サーモンピンクとマルーンの塗装は、3850系に始まるクロスシートの優等車(ロマンスカー)に塗られていた。1959.5.4　Hi

巽ヶ丘住宅地をバックに走る5200系。丘を切り開いて住宅地が造成された。
1961.8　Si

巽ヶ丘駅付近を走るモ3350形と3400系の連結運転。この頃の7両編成も異例だが、制御方式の異なるHL車の3350形とAL車の3400系をどのように運転していたのか、興味深い。
巽ヶ丘〜白沢
1961.10　Si

白沢駅

　1931(昭和6)年4月1日に知多鉄道の知多白沢駅として開業。1949(昭和24)年12月1日に白沢駅と改称された。1987(昭和62)年に4両から6両編成対応に延伸された相対式ホームをもつ2面2線の無人駅で、2007(平成19)年1月に駅集中管理システムが導入された。集改札機は、上下線とも太田川寄りに設けられている。

住宅開発が進む前は丘陵地が続いていた巽ヶ丘〜白沢間を走る3850系などAL車4連。
1959.1　Si

第4章 河和線　97

坂部駅

　1931（昭和6）年4月1日に知多鉄道の駅として開業。1943（昭和18）年2月1日に知多鉄道の合併により、名古屋鉄道の駅となった。1964（昭和39）年4月5日に駅舎が新築されている。

　阿久比町の中心として2面2線の6両編成対応ホームのある急行停車駅であったが、1983（昭和58）年7月21日に阿久比駅が開業すると、普通列車のみ停車するようになった。その後も時間帯を限って駅員が配置されていたが、2007（平成19）年1月に駅集中管理システムの導入に合わせて無人化された。

阿久比駅ができるまでは急行停車駅だった坂部駅駅舎。
1983.1.29　Ha

阿久比中学をバックに坂部〜椋岡間を走る3400系。1980.4.26　Ha

坂部駅南を走る7000系6連の河和行特急。
1980.4.26　Ha

同地点を走る5300系。5300系は5000系や5200系の機器を再利用して5700系と同じ構造の車体を新造し、制御装置に界磁添加励磁を採用した。5700系と共にパノラマカーがなくなった後、名鉄で最後まで残った2扉クロスシート車で、2011（平成23）年3月26日改正で平日昼間帯の河和線の特急が全車一般席車両に変更後は、重点的に使用された。
2008.6.14　Ha

同地点を走る2000系ミュースカイと9500系の連結運転。2021（令和3）年6月26日に河和線太田川～成岩間の開業90周年の記念列車として運転された。2000系の河和線への入線や他系列車との連結運転は極めて珍しい。
2021.6.26　Ha

坂部駅南を走る7000系特急改装車（白帯車）の河和行特急。築堤下の親子はツクシ取りだろうか。1983.3　Ha

阿久比駅

　待避線のなかった河和線の速度向上と、役場の移転で阿久比町の中心駅となるよう、坂部〜椋岡間のほぼ中間で役場近くの現在地に1983(昭和58)年7月21日に開業した。
　築堤上に2面2線の8両編成対応の島式ホームがあり、河和線唯一の上下線とも待避が可能な駅として、緩急接続が行われている。駅舎とは、ホーム中央部にある地下道で連絡している。河和線の特急全列車が一部特別車の編成となった2008(平成20)年12月27日のダイヤ改正で、特急が停車するようになった。2015(平成27)年6月1日にエレベータや跨線橋の設置、多機能トイレの設置など、バリアフリー化がおこなわれている。

阿久比駅駅舎　1984頃　出典：れいめい

阿久比駅で1000系の特急を待避する7000系普通列車。河和線の特急全列車が一部特別車の編成となった2008(平成20)年12月27日のダイヤ改正で特急が停車するようになり、緩急接続がおこなわれている。2008.5.17　Ha

阿久比駅の建設地を走る7300系の内海行急行（左）と7500系の新鵜沼行特急（右）。1983.1.29　Ha

阿久比駅北付近を走る7500系の特急「しのじま」。「しのじま」の列車名称は河和から篠島・日間賀島への高速船に連絡する列車に名付けられた。1981.5.10　Ha

阿久比〜坂部間を走る8800系パノラマDX（デラックス）。沿線観光地として宣伝に努めていた南知多と犬山地区を結ぶ観光特急用として1984（昭和59）年に登場したハイデッカーの前面展望室が付いた車両である。1987（昭和62）年に4本が揃い、1989（平成元）年に中間付随車のサ8850形を組み込み、3両組成となった。夏のピーク時には、犬山〜南知多間で毎時1本運転された。1990.6　Ha

第4章 河和線　103

椋岡駅（廃止）

　1931（昭和6）年4月1日に知多鉄道の駅として開業。1967（昭和42）年9月1日に無人駅となった。

　1983（昭和58）年7月21日に北600mの位置に阿久比駅が設置されることになり、同駅と統合して廃止される予定であった。しかし、地元の反対で廃止できず、通勤・通学時間帯のみ列車が停車し、昼間の普通列車は通過した。2006（平成18）年12月16日に廃止された。

　4両編成対応の相対式ホームがあり、駅集中管理システムが導入されずに廃止になったことから、廃止までホームに券売機等はおかれておらず、屋根とベンチだけがある小規模な待合スペースがあるだけで、乗客は車掌から切符を購入した。

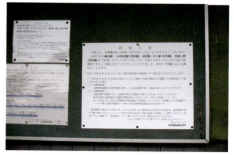

廃止直前の椋岡駅の駅名標と時刻表、及び廃止の案内。最後は朝夕のラッシュ時に一部の普通列車が停車するだけとなっていた。
2006.12.14　Ha

下りホームに到着する7000系普通列車。
2006.12.14　Ha

上りホームに停車する6000系モ6248ほか。6000系の10次車で、6000系は9次車（6045編成以降）から前面が非貫通で飾り帯付きとなった。2006.12.14　Ha

上りホームに到着する7000系7017編成。7017編成は1987（昭和62）年の第2次整備で特急整備が行われ、1999（平成11）年7月に白帯が撤去されたが、特急用の小型の電動式行先種別板がそのまま付けられていた。同編成は、2007（平成19）年に廃車となった。
2006.12.14　Ha

植大・半田口・住吉町駅

植大駅

　1931（昭和6）年4月1日に知多鉄道の駅として開業。1952（昭和27）年11月21日に駅西側の都築紡績工場への専用線0.9kmが開通、貨物扱いがおこなわれた。この専用線は1968（昭和43）年10月1日に廃止となり、10月16日に無人駅化されている。

　1980（昭和55）年に6両化された相対式2面2線のホームを有し、下り線（知多半田、河和）方面へは構内踏切で渡る。2007（平成19）年2月に駅集中管理システムが導入された。

半田口駅

　1931（昭和6）年4月1日に知多鉄道の駅として開業。1943（昭和18）年2月1日に知多鉄道の合併により、名古屋鉄道の駅となった。1944（昭和19）年に休止となり、1947（昭和22）年11月3日に無人駅として復活する。

　相対式2面2線のホームは1987（昭和62）年に4両から6両編成対応に延伸された。2007（平成19）年3月に駅集中管理システムが導入され、各ホーム知多半田寄りに集改札機が設置されている。童話作家、新美南吉の生家に近く、ホームに「南吉とごんぎつねのふるさと半田」（下り）、「ごんぎつねの駅にようこと」（上り）の表示がある。

夕暮れの植大付近を走る5500系。1977.10　Ha

住吉町駅

　1933（昭和8）年7月10日に、南成岩、浦島と共に農学校前駅として開業。駅名の由来は西側にある愛知県半田農業学校（現・半田農業高等学校）にちなんでいる。駅の設置は、鉄道省（国鉄）による武豊線でのガソリンカー運転開始への対抗策のひとつであったとされる。1949（昭和24）年12月1日に住吉町に改称されている。

　1982（昭和57）年6月14日に跨線橋が設けられ、橋上駅化とホームが8両化された。相対式2面2線のホームを有し、各ホーム知多半田寄りに集改札機が設けられている。2023（令和5）年7月1日から終日無人化された。

住吉町駅舎　1978　出典：れいめい

知多半田駅

　1931（昭和6）年4月1日に知多鉄道の駅として開業。1943（昭和18）年2月1日に合併により名古屋鉄道の駅となった。貨物営業がおこなわれていたが、1960（昭和35）年12月1日に廃止されている。
　ホームは6両編成対応の相対式2面2線であったが、下り線河和方に引き上げ線があり、これを使って知多半田止まりの普通列車を逃がし、優等列車通過後にホームに戻して河和方面の普通列車として仕立てるという、太田川以南に待避設備のない河和線で待避線のような使い方がされていた。
　1988（昭和63）年12月28日に橋上駅舎に改築し、翌1989（平成元）年3月5日に下り線に待避できる副本線を新設。あわせて上下ホームを8両化している。これら駅改良工事によりホームは下りが島式、上りが単式の2面3線となり、7月12日に竣工した。2008（平成20）年4月1日にホームの嵩上げとエレベータ設置のバリアフリー化工事が完了している。
　2023（令和5）年3月のダイヤ改正で、日中の普通列車は知多半田折返しとなり、河和・内海方面へは急行が種別変更していたが、2024（令和6）年3月のダイヤ改正で上ゲに優等列車が停車するようになったことから種別変更は行われなくなっている。

橋上駅化前の知多半田駅舎。1969.5.16　Kr

知多半田駅の発車時刻案内　列車毎に手動で操作していた。1963.5　Si

駅舎から上り線ホームには屋根が架けられていて、雨に濡れないようになっていた。1963.5　Si

知多半田駅に停車する5000系の観光列車「南知多号」。
1961.11 Si

知多半田に停車する全電動車時代の3700系モ3703-3704。
1961.11 Si

知多鉄道開業から50周年を記念し、1981（昭和56）年4月1日に知多半田で行われた発車式。
1981.4.1 Ha

知多半田駅に停車する5700系5600形ク5601ほか。5700系5600形は1986（昭和61）年に製造された4両組成の5700系2本を1989（平成元）年に6両組成化するため組み込んだ中間車のモ5650形-サ5600形4両を2009（平成21）年に抜き取り、廃車になった5300系から運転台を切り取り、中間車2両（5601、5652）への取り付け改造を行い4両組成化した車両。こうした経緯から他の5700系とは制御装置、主電動機が異なり、乗務員扉の後ろの客室窓がないなど、先頭車の側窓、扉位置も異なっていた。全車一般車の特急は、河和線の平日昼間帯の特別車の利用率が低いため、2011（平成23）年3月26日の改正から主にクロスシートの5300系、5700系で運転された。
2017.4.24 Ha

第4章 河和線　107

成岩駅

　1931（昭和6）年4月1日の知多鉄道太田川〜成岩間の開通に伴い、終着駅として開業。翌1932（昭和7）年7月1日に河和口まで延伸されている。1943（昭和18）年2月1日に合併により名古屋鉄道の駅となった。1944（昭和19）年に休止されるが、1946（昭和21）年9月15日に営業を再開している。

　急行停車駅で、6両編成対応の2面2線の相対式ホームを有する。2007（平成19）年2月に駅集中管理システムが導入され、無人化された。上下線ホームの河和寄りに集改札機が設置されている。

成岩駅駅舎　1969.5.16　Kr

南成岩駅（現・青山駅）

　1933（昭和8）年7月10日に、成岩〜河和口間開通より1年遅れて開業。駅の設置は武豊線でのガソリンカー運転開始への対抗策のひとつであったとされる。

　単線時代は島式ホームの行き違い駅であったが、1961（昭和36）年5月21日に成岩〜南成岩間、7月21日に南成岩〜蛇淵信号場間が複線化されている。複線化後もホームは島式のままだった。1974（昭和49）年5月1日に無人化されている。

　周囲の発展に伴い、1993（平成5）年4月26日に橋上駅化され、駅員も配置されて有人駅となった。1999（平成11）年に半田青山土地区画整理事業が完了し、地元から駅名を「青山」に変更する要望を受けて、2005（平成17）年1月29日に「青山駅」に変更している。2006（平成18）年7月14日にトランパスが導入され、終日、有人化された。河和線の特急全列車が一部特別車の編成となった2008（平成20）年12月27日のダイヤ改正から特急が停車するようになった。

　駅北側の県道34号半田常滑線が知多半島道路半田インターチェンジへのアクセス道路であるため、駅前後の成岩〜上ゲ間1.3kmを高架化することになり、2010（平成22）年5月29日に仮駅・仮線に切り替えた後、2012（平成24）年5月12日に上り線、2013（平成25）年11月16日に下り線が高架化され、8両編成対応の相対式2面2線の高架ホームとなった。

南成岩駅駅舎
1969.8.17　Kr

河和線では唯一の島式ホームで、周囲には田園が広がっていた。1969.8.17　Kr

上ゲ駅

　1932(昭和7)年7月1日の知多鉄道成岩～河和口間の開通に伴い開業。駅名は南東側に広がる字名の「上ゲ(あげ)」から取られているが、その由来には諸説ある。

　無人駅であったが、駅舎内で売店を営業する名鉄産業の代行で有人化された後、1970(昭和45)年8月16日に無人化され、駅舎も撤去された。1980(昭和55)年にホームが6両化されている。2007(平成19)年3月に駅集中管理システムが導入され、各ホーム知多半田側に改集札機が設置された。

上ゲ駅駅舎。名鉄産業の売店があり、委託営業がおこなわれていた。1969.8.17　Kr

ホームと簡単な待合スペースがあるだけの上ゲ駅と駅名標。1969.8.17　Kr

第4章 河和線　109

知多武豊駅

　1932（昭和7）年7月1日の知多鉄道成岩〜河和口間の開通に伴い開業。武豊は合成地名で、1878（明治11）年に長尾村と太足村が合併の際、両村の氏神である武雄神社と火祭りが行われた豊石神社の頭文字を使ったことによる。1886（明治19）年3月1日には、武豊〜熱田間に愛知県最初の鉄道（現・武豊線）が開業している。1899（明治32）年には武豊港が開港場に指定され、1951（昭和26）年に名古屋港が特定重要港湾に指定されるまで、県下随一の貿易港だった。

　知多武豊駅はこうした武豊町の玄関駅であり、全列車が停車する。ホームは8両編成対応の2面2線の相対式で、駅舎は駅総合化の一環として1977（昭和52）年10月1日に改築されている。駅舎は西側にあったが、東側にも集改札機が設置され、上下ホームは跨線橋で結ばれている。2023（令和5）年9月に駅集中管理システムで無人化された。

開業時からの知多武豊駅舎。1966.7.15　Kr

商業施設を併設した駅総合化の一環で駅舎が建て替え中の知多武豊駅。1977.8.23　Ha

富貴駅

　1932（昭和7）年7月1日の知多鉄道成岩〜河和口間の開通に伴い開業。1943（昭和18）年2月1日に合併により名古屋鉄道の駅となった。富貴の旧名は「負亀」といって、駅の南には平安時代に建立された竜宮神社があり、付近には浦島太郎にまつわる地名や伝説が残されている。戦時中の1944（昭和19）年に休止となったが、知多武豊との間には浦島駅もあった。（1969（昭和44）年4月正式廃止）貨物営業もおこなわれていたが、1966（昭和41）年度に廃止されている。

　1974（昭和49）年6月30日に知多新線が開業し、分岐駅となり、ホームは相対式の2面2線から単式ホーム1面1線と島式ホーム1面2線の2面3線となった。ホームは知多新線全通を控えた1980（昭和55）年に8両に延伸されている。駅舎は東側にあるため、各ホームとは構内踏切で結ばれている。2023（令和5）年9月30日に終日無人化された。

富貴駅舎　1966.7.15　Kr

知多新線が開業する前の富貴の河和方。撮影時は河和まで単線だった。1957.7　Si

富貴駅に停車する特急「みはま」。知多新線開業後に「南知多」に代わり河和行の特急として運転された。
1980.6.14　Ha

3番線は知多新線内の折返し列車に使用された。南知多ビーチランドオープンのイラスト板を掲げた7300系が停車している。
1980.4.29

富貴〜布土間を走る5500系の新岐阜行急行。河和線の急行は、原則、犬山方面行だったが、神宮前で時刻が接近していた名古屋本線の新岐阜行急行と差し替えて運転されることもあった。
1985.5.26　Ha

布土駅近くですれ違う7000系の座席指定の特急「南知多」と犬山行急行。1982(昭和57)年に7000系を改装し、白帯をまいて特急用とするまでは、同じ車両が座席指定の特急とそれ以外の列車に区別なく使用されていた。この頃、有料の座席指定特急と高速などのそれ以外の列車との違いは、停車駅が少なく所要時間が短いことと、座席が確保されていることだった。
1979.5.11　Ha

撮影時の河和線内の普通列車は、知多半田で優等列車を待避し、時間あたり1本運転されていた。富貴〜布土間を走る3850系の河和行普通列車。1979.5.11　Ha

快走する8800系パノラマDX。登場直後は平日に新鵜沼〜河和間と新鵜沼〜内海間で2往復、運転された。
1985.5.26　Ha

三河湾をあとに名古屋に向かう7500系の犬山行急行　撮影時の河和線の急行は、時間あたり2本運転されていた。
1979.5.11　Ha

第4章 河和線　113

コラム 日本油脂専用鉄道

河和線が知多武豊を河和に向けて発車すると、すぐに築堤となり、鉄道線をオーバークロスする。鉄道線は山側に向かって伸びていて、時折、小型の電車が走り、あるいは電気機関車が貨車を牽く様子を見ることができた。この鉄道は日本油脂専用鉄道で、武豊線に接続して貨物扱いや従業員の輸送を行っていた。

専用鉄道を建設したのは1919(大正8)年11月に設立された帝国火薬工業で、国の管理下にあった火薬製造が民間でおこなえるようになり設立された。路線は武豊駅近くの原料工場(後の第一工場/現在の衣浦工場)から火薬庫(後の第三工場/現在の武豊工場)間3.1kmで、軌間は1067mm、直流550Vで、1923(大正12)年1月24日に開通している。1929(昭和4)年には武豊駅と連絡して省有貨車の乗り入れも始まっている。従業員の輸送用に1941(昭和16)年に客車が導入された。帝国火薬工業は1938(昭和13)年に日本油脂に合併し、日産化学工業を経て、1949(昭和24)年に現在の日本油脂となった。

帝国火薬工業時代には、専用鉄道を地方鉄道に転換して内海まで延伸する計画もあった。武豊内海鉄道(旧・知多電気鉄道)が1927(昭和2)年に取得した武豊～内海間の敷設免許で、1928(昭和3)年7月に帝国火薬工業が譲り受けているが、計画は進展せずに1935(昭和10)年に免許が失効している。

昭和50年代の車両は、電気機関車がデキ1,2の2両あり、デキ1は1940(昭和15)年の日立製作所製、デキ2は1950(昭和25)年の神鋼電機製で、いずれも自重13トンのB型凸型電機機関車である。電車は従業員輸送用で、モ101、ク102の2両があり、元西武鉄道のモハ101形のモハ103、クハ1113で、1961(昭和36)年8月に譲渡されている。運行は、従業員輸送電車が朝夕に2往復、貨物列車がその間に6往復あったという。これら車両の登場前は雨宮製作所製の凸型電機機関車や、名古屋電気鉄道郡部線開業時の車両であるデシ500形、石川県の温泉電軌の車両などが使用されていた。

1983(昭和58)年に従業員輸送、1986(昭和61)年3月31日に貨物輸送を廃止して廃線となった。

日本油脂専用鉄道

デ1形1 名古屋電気鉄道が1912(大正元)年に郡部線を開業したときに38両(168～205)が製造された2軸単車で、1918(大正7)年にデシ500形となった。1928(昭和3)年と1931(同6)年に現在の広見線新可児以遠を運行していた東美鉄道へ3両が譲渡されてデ1～3となり、同社の戦時統合で2両が名鉄に戻っている。日本油脂には1943(昭和18)年にデ3が譲渡されてデ1となり、末期は客車として使用された。
1961.11　Si

サ形2 石川県の温泉電軌(後の北陸鉄道河南線)の前身である山中電軌が1914(大正3)年に3両製造したS6形(後にデハ)の1両で、ラジアル台車の2軸単車。戦時下の輸送需要の増加に対応する為、軍の斡旋で譲渡を受け、サ2となった。
1961.11　Si

サ3形3,4
同形態の丸屋根木製車体の電車風2軸単車。2軸車の台車に木造車体を新造したと推察される。1961.11　Si

初代デキ2
開業時に入線した雨宮製作所で製造された7.5㌧B凸型電気機関車。内側台枠で木製車体の機関車で1,2の2両があった。1962（昭和37）年7月に廃車になった。
所蔵：Si

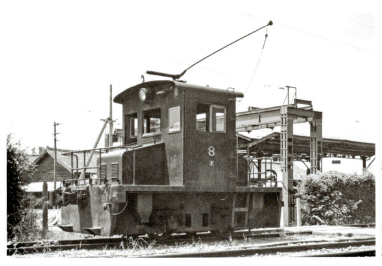

2代目デキ2
1950（昭和25）年神鋼電機製の13㌧B型凸型電機。1940（昭和15）年に日立製作所で製造されたデキ1と同型である。集電装置は、1962（昭和37）年にZパンタにとり替えられている。
所蔵：Si

第4章 河和線　115

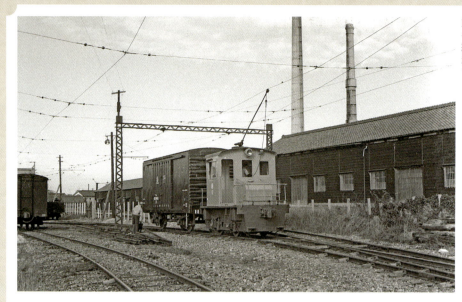

第一工場で入れ換え中のデキ2。国鉄武豊線から専用線が伸びていて、国鉄貨車が乗り入れていた。
1961.11　Si

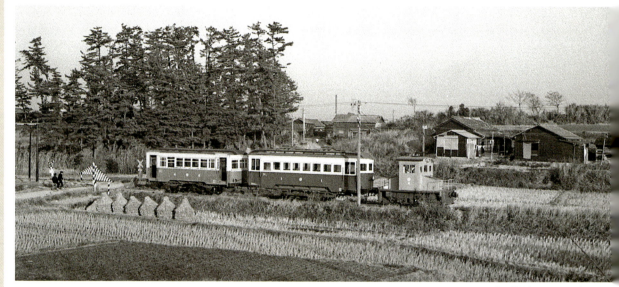

凸型電機が1と4の客車を牽く朝夕の従業員輸送列車。
1961.12　Si

河和線の下をくぐる従業員輸送列車。電気機関車牽引で最後尾は名古屋電気鉄道が1912（大正元）年に郡部線を開業したときの車両であるデシ500形。
1961.12　Si

1961(昭和36)年8月には元西武鉄道のモハ103とクハ1113を譲り受け、車体延長、3扉化等の改造をおこない、モ101、ク102として運転を開始している。
1962.4　Si

電気機関車が牽く貨物列車。貨車は国鉄線に直通した。撮影の後、集電装置はZパンタに取り替えられた。
1961.12　Si

衣浦工場に停車中のモ101。西武軌道(武蔵水電/後の杉並線)が1922(大正11)年に枝光鉄工所で製造した初のボギー車で、1953(昭和28)年に鋼体化されてモハ106となり、翌年片運転台化されてモハ101形103となって多摩湖線で使用されていた。1961(昭和36)年8月の譲渡にあたり、両運転台化、車体延長、3扉化などの改造を受けている。
1974.9　Tk

第4章 河和線　117

四海波・布土駅（廃止）

四海波駅

1932（昭和7）年7月1日の知多鉄道成岩～河和口間の開通に伴い開業。駅の開設は、海岸に竜宮海水浴場があり、別荘地であったことによる。1943（昭和18）年2月1日に知多鉄道の合併により名古屋鉄道の駅となった。

駅周辺に民家が少なく、駅利用者も限られていたことから、1.4km南の布土と統合することになり、1972（昭和47）年4月1日に0.5km河和寄りに移転・設置された布土駅の開設により廃止された。

統合前の四海波駅　1969.8.17　Kr

布土駅

1932（昭和7）年7月1日の知多鉄道成岩～河和口間の開通に伴い開業。1943（昭和18）年2月1日に知多鉄道の合併により名古屋鉄道の駅となった。

1972（昭和47）年4月1日に太田川駅寄りに0.9km移動して、四海波と統合された。1974（昭和49）年5月16日に富貴～河和口間3.5kmが複線化されている。複線化に伴い、ホームは4両編成対応で相対式の2面2線となり、上下ホームを結ぶ跨線橋も設けられた。1980（昭和55）年にホームが6両に延伸されている。

利用者数が1日200人強であることから、2006（平成18）年12月16日に椋岡などと共に廃止になった。

移転前の布土駅　1969.8.17　Kr

布土駅を通過する全車特別車時代の1000系パノラマスーパー。2006.12.14　Ha

布土駅に停車する河和行普通列車の7000系と金山行普通列車の6500系。2006.12.14　Ha

河和口駅

　1932（昭和7）年7月1日の知多鉄道成岩～河和口間の延伸に伴い、終着駅として開業。1935（昭和10）年8月1日に河和まで3.0kmが延伸されている。1943（昭和18）年2月1日に知多鉄道の合併により名古屋鉄道の駅となった。太田川側は1974（昭和49）年5月16日に富貴まで複線化されているが、河和口～河和間は単線のままである。南に0.5kmの位置に河和への延伸時に開設された時志駅があったが、戦時下に休止となり、1969（昭和44）年4月5日に正式に廃止されている。

　道路を挟んですぐ前に海が広がり、昭和30～40年代には多くの潮干狩りや海水浴客が訪れた。南側には引き上げ線が1本あり、かつては貨物輸送に使われたが、夏の海水浴臨増発時には河和駅の機能を分担し、車両の留置が行われた。貨物扱いは1961（昭和36）年度に廃止されている。

　ホームは6両編成対応の相対式で、1985（昭和60）年2月16日に無人化され、2007（平成19）年3月に駅集中管理システムが導入されている。

河和口駅舎。富貴寄りにあり、上り線へは構内踏切で連絡している。多客時に備えて駅前に日よけが設けられていた。
1967.12.14　Kr

河和口で並ぶ3900系の河和行臨時特急と岐阜行準急。1961.7　Si

海水浴場と「南知多三十三観音霊場」の一番札所である時志（ときし）観音（慈雲山影現（ようげん）寺）の案内がホームに建てられていた河和口に停車する5000系の河和行急行。
1961.7　Si

河和口引き上げ線に留置された座席指定特急「内海」号の脇を特急が河和に向かう。1961（昭和36）年から運転が開始された座席指定特急の「内海」号は、河和口で内海行バスに連絡した。
1961.7　Si

河和口を出発し、河和に向かう3850系4連。
1961.7　Si

河和口〜河和間に残った単線区間を濃緑塗装時代の800系モ804-ク2314とスカーレット化された3800系を連結した佐屋行準急が河和口に向かう。
1977.8.23　Ha

衣浦湾を望んで、特急改装されて白帯車となった7000系が河和に向かう。
1983.6.23　Ha

ミカンが実る秋の知多半島を走る850系。
1979.11.12　Ha

第4章 河和線

河和駅

　河和線の終点で、1935（昭和10）年8月1日に開業した。1979（昭和54）年に改築されるまでの駅舎はリゾートの玄関口らしい瀟洒な建物で、知多半島南端の師崎へのバスや篠島・日間賀島の離島航路への結節点としてターミナル機能を果たしていた。知多新線が開業するまでは内海行のバスが発着し、海水浴シーズンには大変な賑わいを見せた。貨物営業もおこなわれていたが、1970（昭和45）年度に廃止されている。

　1977（昭和52）年までの河和駅は2面3線で、単式の1番線が4両編成対応、島式の2,3番線が6両編成対応だった。ホームは1978年初までに8両編成対応の2面2線となり、駅舎も1979（昭和54）年4月7日に駅舎がビル化されて名鉄ストア河和店が入る総合駅に改築された。

　2008（平成20）年3月20日には駅ビルが改築され、店舗もパレマルシェ河和となった。2023（令和5）年9月30日からは窓口営業時間を短縮し、特殊勤務駅となっている。

開業時の様子を伝える河和駅駅舎。リゾートの拠点らしい瀟洒な建物だった。
1969.5.16　Kr

4両ホーム時代の河和駅に並ぶ3900系と3600系。右の3600系は、伏見口（後の明智）行の団体列車。1959.6　Si

河和駅を発車するク2903を先頭にした3900系の鵜沼行急行と3850系の佐屋行準急。4両ホーム時代の名残りで側線を支障しないよう、この頃、2番線の途中から本線に出発できる分岐器があった。この年の夏期輸送の後、ホームが2面2線に改良された。
1977.8.23　Ha

駅舎改築前に一足早くホームが8両編成対応の2面2線となった河和駅。
1978.2.21　Ha

駅舎がビル化された河和駅に停車する7500系の新鵜沼行特急（左）と3650系の新鵜沼行急行。
1979.5.11　Ha

第4章 河和線　123

河和駅に並ぶ7000系4連、6連と7500系6連。知多新線開業までの夏の休日の午後には7000系パノラマカーの海水浴臨時特急が増発され、次々と電車が発着して壮観な眺めだった。1977.8.23　Ha

第4章 河和線　125

河和駅側線に停まる3850系の
日曜特急「伊良湖号」。船で伊
良湖に連絡した。
1957.10　Si

河和に到着する7000系の海
水浴臨時特急「いるか」。
1977.8.23　Ha

河和駅で並ぶ7000系7043
編成と1200系パノラマ
スーパー。
2008.5.17　Ha

第5章
知多新線
【富貴～内海間 13.9km】

　知多半島南部の開発と観光需要への対応を目的に1980（昭和55）年6月に全線開業した知多新線。知多半島を横断し、路線が丘陵側に敷かれたことから7本のトンネルがあり、全線が高架で、将来の輸送量の増加に対応できるように路盤やトンネルは複線分で施工された。しかし、沿線開発は進まず、また、レジャーの多様化や大規模なプールの整備、マイカー嗜好の高まりなど環境の変化を受けて、当初の目的は果たせないままとなっている。

華やかに行われた全線開通の内海駅発車式。しかし、鉄道による海水浴輸送はこの頃がピークで、以後、鉄道による海水浴客は減少していく。1980.6.5　Ha

知多新線小史

　この地方随一の海水浴場のある内海が観光地として知られるようになったのは、1918（大正7）年に知多自動車（知多乗合の前身）により武豊からのバス路線が開業してからである。微粒質の砂浜が続くことから1931（昭和6）年にはわが国初のサンドスキーがおこなわれた。1935（昭和10）年8月に知多鉄道が河和まで開業すると海水浴に訪れる人が増え、翌年に温泉が発見されると多くの旅館が開業した。

　内海への鉄道は、常滑への路線を建設している愛知電気鉄道がその延伸として、名古屋市内への「東陽町線」、熱田からの「有松線」、尾張横須賀からの「半田線」とともに、1912（明治45）年4月に敷設免許を申請したのが最初である。愛知電鉄では1912（大正元）年8月に免許を得たが、経営状態の悪化などもあり、1915（大正4）年11月に失効している。1926（大正15）年には知多電気鉄道（後の武豊内海鉄道）が武豊～内海間17.7kmの路線を出願し、1924（大正13）年に武豊線の武豊から工場まで専用線を開設した帝国火薬工業（現在の日本油脂）が専用線を使うことで敷設権を譲り受け、1927（昭和2）年に免許を得ているが、1935（昭和10）年に失効している。

　昭和30年代になると、常滑線沿線の海水浴場が埋立等による水質悪化で人気をなくし、代わりに水の奇麗な南知多の海水浴場が人気を集めるようになった。なかでも遠浅できめ細やかな砂浜が約2kmにわたって続く内海は多くの海水浴客を集め、海洋レクリエーションの場として注目を集めていく。1958（昭和33）年には、知多半島南部が三河湾国定公園に指定された。

　こうした知多半島南部のリゾート開発と、自然環境に恵まれた住宅地造成に着目して、1966（昭和41）年に鉄道の建設が計画された。経路は常滑からの延伸、河和からの延伸、野間経由の3案があったが、河和線の知多武豊と富貴の中間で分岐して半島を横断して西海岸の野間に出る案が選択された。そして同年9月に武豊信号場～内海間の鉄道敷設免許を申請し、翌1967（昭和42）年12月に免許を得たが、用地買収の問題で富貴で分岐することにして、1969（昭和44）年12月に着工している。

　工事は起点側から順におこなわれたが、石油危機などもあって小刻みな延長が続き、1974（昭和49）年6月30日に富貴～上野間間5.8km、1975（昭和50）年7月6日に上野間～知多奥田間2.3km、1976（昭和51）年4月4日に知多奥田～野間間1.7kmと順次開業し、1980（昭和55）年6月5日に残る野間～内海間4.1kmが開業することで全線13.9kmが開通した。半島を横断し、丘陵が海岸に迫る地帯に線路が敷設された知多新線はトンネルが多く、440mの内海トンネル、409mの深谷トンネル、405mの小野浦トンネルなど7本のトンネルがあり、将来の輸送量の増加に対応できるように路盤やトンネルは複線分で施工された。

　路線計画時には、沿線で開発される住宅地の居住者を大量に見込んでおり、それもあって路線は丘陵側

知多新線路線図　　出典：名古屋鉄道百年史

に敷かれた。しかし、計画から建設の過程で沿線地域の大半が新たに市街化調整区域の指定を受け、さらに石油危機などから想定のような住宅開発はまったく進展せず、全線が開通しても輸送需要は大幅に計画を下回った。このため沿線のレジャー開発を進めることにして、通年にわたり集客できる日帰り型のレジャー施設として1980(昭和55)年4月29日に南知多ビーチランドを開園した。1982(昭和57)年10月2日には地域の特徴を活かした海浜型の遊園地として、山海地区に内海フォレストパークを開園した。(2003(平成15)年11月3日閉園)

知多新線に向けての座席指定特急は上野間開業と共に設定されて「ヤングビーチ」の名称が付けられ、初詣期間中は「野間大坊」と名称変更して運転された。座席指定の特急の本格的な運転は内海開業後で、夏期には定期特急として「うつみ」が1本/時、臨時特急として「とびうお」が最大2本/時運転された。基本ダイヤでは河和線へそれぞれ毎時2本ある特急と急行が富貴で内海と河和に振り分けられ、両線に毎時各1本運転された。

1983(昭和58)年に知多奥田駅隣接地に日本福祉大学の美浜キャンパスが移転されると、通学する学生の便を図って、停車駅を特急と同じにした快速急行を朝、夕1本ずつ、内海行として運転した。あわせて知多奥田が特急停車駅になった。1984(昭和59)年12月に運転を開始したパノラマDX(デラックス)も内海に向けて運転され、夏期の最盛期には内海発着の特急が4本/時に達する時間帯もあった。こうした輸送需要に対応できるよう、1986(昭和61)年2月18日に内海駅の発着線を増設して4線にするとともに、3月21日に富貴～上野間間に別曽池信号場を設けている。1987(昭和62)

年4月24日には画家杉本健吉氏の作品を展示する杉本美術館の開館と美浜緑苑の分譲販売開始に伴い、上野間～知多奥田間の山側に美浜緑苑駅を開設した(杉本美術館は2021(令和3)年10月31日閉館)。1988(昭和63)年3月には富貴～内海間にCTCを導入している。

しかし、レジャーの多様化などによる海水浴客の減少に加え、1990年(平成2)年からの特急運行方針の変更もあって、夏の海水浴臨時特急の運転は1993(平成5)年が最後となった。

河和・知多新線への特急は、観光輸送の比重が高いことから全車特別車の1000系が使用されていたが、2007(平成19)年6月30日から一部特別車の1200系による特急の運行を開始し、2008(平成20)年12月27日の改正で全列車が一部特別車の特急となった。これを機に特急は河和、急行は内海と分離されたが、2011(平成23)年3月26日に元に戻されている。同時に平日昼間帯の特急は全車一般席車となり、主にクロスシートの5300、5700系が使用された。

しかし、日本福祉大学が2015(平成17)年に交通が便利な太田川駅隣接地に東海キャンパスを開設し、経済学部や国際福祉開発学部(現・国際学部)などを移転した。また、コロナ禍による乗客の減少から経費の削減が求められたこともあり、2023年3月18日からほとんどの時間帯で運転をワンマン化。これに伴い、上野間と野間の2番ホームが閉鎖され、行き違いが可能な駅は知多奥田と別曽池信号場だけとなっている。

沿線開発として知多奥田の海岸に開園した総合海浜公園の南知多ビーチランドには、850系モ851とク2351、3500系モ3501とク2501、そして瀬戸線の電気機関車のデキ201が展示され、後には美濃町線のモ580形583も加わった。しかし、車両保存ではなく休憩施設の扱いで、また、潮風を浴びることから車両の傷みが早く、早々に撤去された。
1984.7.15 Ha

第5章 知多新線　129

上野間駅

　1974（昭和49）年6月30日に知多新線第1期区間である富貴〜上野間5.8kmの開通に伴い開業。6両編成対応の相対式ホームをもつ高架駅で、駅前にバスターミナルが設けられ、南知多ビーチランドなどへのバスの拠点だった時代もある。1998（平成10）年4月1日には駅員の季節配置がなくなって完全に無人化され、2007（平成19）年7月に駅集中管理システムが導入された。

　知多新線の昼間帯の列車本数削減に伴い、2023（令和5）年3月18日に2番線が閉鎖され、ホームは1面1線となった。

知多新線内海開業前に、上野間で行き違う野間行急行の6000系と線内折返しの普通列車の3850系。1980.5.18　Ha

上野間に到着する7000系の特急。本来は「ヤングビーチ」の標板がつけられている筈だが、すでに帰りの「岐阜」に取り替えられている。1979.7.21　Ha

南知多のため池である別曽池の横を走る8800系パノラマDX。1986（昭和61）年3月21日に、この地点の西側に別曽池信号場が開設された。1986.2.23　Ha

衣浦湾をバックに34‰の勾配を登ってきた5500系の内海行急行。1983.6.23　Ha

伊勢湾越しに鈴鹿山脈を望んで知多半島の丘陵を越える7000系6連の急行　2008.8.17　Ha

深谷トンネルを抜け内海に向かう8800系パノラマDX。1985.5.26　Ha

美浜緑苑駅

　1986（昭和61）年に販売が開始された住宅地の美浜緑苑への最寄り駅であり、住宅地内に杉本健吉画伯の作品を展示する美術館として1987（昭和62）年4月24日に開館した杉本美術館（2021（令和3）年10月31日閉館）への利便性を図るため、美術館と同日に上野間〜知多奥田間に開設された。杉本画伯はかつての国鉄名古屋鉄道管理局や名鉄の旅客誘致のポスターの作者としても知られ、名鉄のパノラマカーや名古屋市交通局の地下鉄車両の塗色を選定している。

　6両編成対応の1面1線のホームを持つ無人駅で、住宅地から一段低いところに駅舎とホームが設けられている。開設時は名古屋方面から美術館への来館者のため、一部普通列車が通過するのに対して、急行、後には高速や特急が停車した。2011（平成23）年3月26日以降は全列車が停車する。2007（平成19）年7月に駅集中管理システムが導入された。

美浜緑苑駅舎

知多奥田駅

　知多新線の2期工事区間である上野間〜知多奥田間2.3kmの延伸に伴い1975（昭和50）年7月6日に開業。翌1976（昭和51）年4月4日に野間までの延伸で中間駅となる。

　6両編成対応の相対式ホームのある高架駅で、1983（昭和58）年4月に駅東側に日本福祉大学が移転・開校したことで、特急の一部が停車するようになるとともに、時間限定で駅員が配置された。学生の利用が多く、高架下に飲食店もある。2007（平成19）年7月に駅集中管理システムが導入され、終日、有人駅となったが、2024（令和6）年9月28日から土・休日は無人化された。

知多奥田駅舎。1984.7　出典：れいめい

谷トンネルを抜け知多奥田に向かう
8800系パノラマDX。
1986.2.23　Ha

第5章 知多新線

野間駅

　1976（昭和51）年4月4日に知多新線第3期区間である知多奥田～野間間1.7kmの開通に伴い開業。6両編成対応の2面2線の相対式ホームをもつ高架駅で、当初より無人駅である。1980（昭和55）年6月5日の内海までの全線開業に伴い、中間駅となった。

　駅西側に源義朝の墓のある大御堂寺野間大坊があり、初詣時期には「野間大坊」の名称を掲げた座席指定特急が走ったこともある。

　行き違い可能駅であったが、2023（令和5）年3月18日以降、2番線が使用停止となり、1線化された。

野間駅に停車する7700系の特急「ヤングビーチ」。南知多ビーチランドの開園を告知するPR板が取り付けられている。
1980.4.29　Ha

野間駅に停車中の800系モ804-ク2314＋3850系の普通列車。南知多ビーチランドの開園を告知するPR板が取り付けられている。
1980.5.18　Ha

終点時代の野間駅に到着する3550系モ3559-ク2559の普通列車。1980.4.28　Ha

内海開通の告知看板をつけ、試運転を行う6000系。左側に建設途中で放棄された小野浦駅の予定地が見える。
1980.5.18　Ha

小野浦トンネルを抜けて内海に向かう海水浴臨時特急の「とびうお」。1981.8.8　Ha

内海を出発し名古屋に向かう7000系の特急「名古屋」。
1981.8.8　Ha

第5章 知多新線　137

小野浦トンネルにはいる7000系モ7037ほかの特急「うつみ」。この後、小野浦、内海の二つのトンネルを抜けて内海に至る。
1981.6.7　Ha

流線形の名車3400系も姿を見せた。1981.6.7　Ha

内海駅

　1980（昭和55）年6月5日に知多新線全線開通に伴い開業。計画時の内海駅の位置は海岸に近い旧内海中学の跡地であった。しかし、県道内海美浜線バイパス計画や地元の要望から現在地となり、海岸まで徒歩で15分以上を要することになった。

　当初は8両編成対応の2面3線の高架駅であったが、1986（昭和61）年2月18日に北側に1線を増設し、2面4線となった。

　2007（平成19）年に駅集中管理システムが導入され、2020（令和2）年5月25日の暫定無人化を経て、2023（令和5）年3月25日から正式に無人化された。

内海トンネルを抜け内海に向かう6000系6030編成の急行。
1981.8.8　Ha

内海トンネルを抜ける5500系の内海行普通列車。
1985.5.26　Ha

内海駅で並ぶ1000系パノラマスーパーの特急と7000系の急行。2008.6.22　Ha

内海駅が開業した海水浴輸送が最盛期の夏の休日、海水浴特急の「とびうお」が内海に到着する。パノラマカーの特急が2本並び、6000系の急行とあわせて3本のホームが埋まる。1980.7.20　Ha

第5章 知多新線

コラム 内海開業の試運転列車

知多新線の内海開業は1980（昭和55）年6月5日であるが、実際に車両が運転されたのは同年4月26日が最初だった。電気機関車から7500系パノラマカーまでが使用された試運転初日の様子を紹介しよう。

最初に入線したのは電気機関車のデキ400形重連。使われていなかったレールの錆落としが目的で、車体重量の重い電気機関車が使用された。

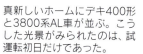

真新しいホームにデキ400形と3800系AL車が並ぶ。こうした光景がみられたのは、試運転初日だけであった。

続いて3800系モ3830-ク2830と3550系のAL車4連が入線した。AL車の使用は、負荷に無理がきくからである。内海トンネル上部には「萬里一条鐵」の扁額が掲げられていたが、いつしか取り外されてしまっている

錆落としが一段落したところで、マスコミ取材用に7500系が運転された。

第6章
海水浴特急史

　夏のレジャーといえば、まず海水浴であった時代、多くの海水浴場がある知多半島に向け、シーズンには多数の臨時列車が運転された。1961（昭和36）年7月には初の座席指定特急「内海」号が運転を開始し、以後、海水浴輸送の中心は座席指定特急に移行していく。人気のある内海海水浴場へは、1980（昭和55）年6月に知多新線が開業した。しかし、その頃を境として、レジャーの多様化や大規模なプールの整備、マイカー嗜好の高まりなど環境の変化により鉄道を使った海水浴利用者は次第に減少し、1993（平成5）年限りで海水浴臨時特急の運行は終了した。

1980（昭和55）年6月の知多新線全通に伴い、数多くの臨時特急が内海に向けて運転され、海水浴特急は最盛期を迎えた。1980.8.8　Ha　野間～内海

レジャーが多様化する前、夏といえば、まずは海辺で手軽に遊べる海水浴であった。

健康や療養のため、海水にはいるのが保健に良いことは古くから知られており、鎌倉時代初めに歌人の鴨長明が知多半島の大野で海に入って療養する潮湯治をしたことが記録に残されている。大野は江戸時代に潮湯治で賑わったようで、江戸時代末期に発刊された「尾張名所図絵」には、「かく暑月には浴湯する群衆おびただしくて、数多の旅亭、家ごとに200人、300人を宿し、他の温泉もかくまで諸人の輻輳するを聞かず」と絵入りで紹介されている。

明治になると、海水浴の効用が医学的にも認められたことで県が海水浴場の整備を支援し、身体と精神の鍛錬に効果が大きいとして、学校教育でも臨海学校や水練学校を開校して積極的に奨励した。

鉄道整備が発展を促した知多半島の海水浴場

交通機関の整備が知多半島の海水浴場の発展に大きく寄与した。1912（明治45）年に愛知電気鉄道の路線が大野まで開業すると知多半島の観光地が紹介され、特に海水浴場の整備が知多半島を広く世に知らせる契機となった。愛知電鉄では、大野と古見海岸に脱衣場など海水浴設備を設けるとともに、9月には潮湯治の伝統を受け継ぐ大野温浴場を千鳥温泉とよんで宣伝した。1926（大正15）年には海水を利用した滝や子供プールの設置、野外演芸場を設けてアトラクションを実施するなど、海水浴場として整備を進めた。

一方、大野の北にある新舞子は、幅100mに及ぶ遠浅の砂浜海岸で地引き網の漁場であったが、1910（明治43）年に手塚辰次郎が海水浴場を中心とした遊園地を開発し、瀬戸内海の舞子ヶ浜に風景が似ているとして、新舞子の名前を付けて宣伝した。愛知電鉄開業後の1912（明治45）年7月には新舞子土地が設立され、100室以上を擁して当時の県下3大旅館のひとつといわれた「舞子館」を開業した。

愛知電鉄では、1922（大正11）年に経営難に陥っていた新舞子土地を合併して開発に力を注ぎ、「松浪園」と称する高級住宅地を造成し、駅舎もモダンな姿に改築した。1925（大正14）年には駅付近に動・植物園を設けて公園化するとともに、夜間照明付きのテニスコートも造成した。さらに浴場、竜宮殿などを開設し、1929（昭和4）年には竜宮殿を拡張してシーハウスとして、海中に納涼大桟橋をつくっている。1936（昭和11）年7月には東洋一の規模と設備を持つ大水族館を建築して東京帝国大学農学部に寄託した。観覧料は大人15銭、子供7銭で、水族館連絡券を大人1円5銭、子供52銭で発売した。

新舞子に続く海水浴場として、その北の長浦に注目して別荘地として開発を進めると共に、1927（昭和2）年に海水浴場にシンボルとなるコンクリート製大蛸を建設し、蛸を配した児童専用プールや蛸プールも設けている。このほか、朝倉、多屋も海水浴場として賑わいを見せた。

愛知電鉄の子会社である知多鉄道が建設した河和線沿線にも富貴や河和口に海水浴場があり、河和口には兵庫県の須磨浦にあやかって小須磨ヶ浦と名前が付けられた海水浴場が開設されていた。また、水が奇麗で微粒質の砂浜の千鳥ヶ浜の海水浴場がある内海は、1918（大正7）年に知多自動車（知多乗合の前身）により武豊からのバス路線が開業しており、良質の砂浜があることから1931（昭和6）年にはわが国初のサンドスキーが行われている。

長浦海水浴場のシンボルだった大蛸。1955頃　Si

戦後は、終戦の混乱が落ち着きを見せ始めた1948（昭和23）年頃から海水浴が復活し、新舞子では1949（昭和24）年夏には新舞子カーニバル、翌50（昭和25）年には大野海水浴場と共催でサンマーフェアを開催した。海水浴輸送に対応するため、1950（昭和25）年7月10日には、1942（昭和17）年の神宮前（西）駅の開設以来、行われていなかった東海道本線を跨ぐ跨線橋を使っての常滑線と名古屋本線の直通運転が再開した。1952（昭和27）年には新舞子と大野海岸で中日新聞と共催でヨットレースや会場パレードのある新舞子大野海上カーニバルを開催していた。こうした常滑線や河和線沿線のこれら海水浴場に向け、同年8月のピーク時には午前7時半から10時まで神宮前～大野町間に23本、神宮前～河和間に10本を増発し、ほとんど4両編成で運行したという記録がある。新舞子はその隆盛から、1954（昭和29）年には、知多のマイアミと称されるほどになった。

新製間もない3800系ほかの3連で運転された
常滑線長浦行の臨時特急。
1952.6.29　大江～大同町　Sk

新聞社とのタイアップで新舞子に向け運行された
「舞子号」。
1952.8　須ヶ口　Si

夏の海水浴場を紹介するパンフレット。1954　所蔵：Si

第6章 海水浴特急史　145

座席指定特急の運転開始

　昭和30年代になると、名古屋港の工場地帯の拡大による埋め立てや、それに伴う水質悪化で常滑線沿線の海水浴場は人気をなくしていった。それに代わって人気が出てきたのが、水が奇麗な野間以南の海水浴場で、野間、小野浦、そして遠浅できめ細やかな砂浜が約2kmに亘って続く内海の海水浴場だった。当時はまだ鉄道がないため、河和でバスに乗り換えて訪れた。内海は知多半島随一の海水浴場として人気を集めていく。

　人気の高まりに、海水浴ピーク時の日曜日の午後には帰りの乗客が河和駅に集まり、乗車まで何時間も待たなければならないほどの混雑を呈した。こうした中、特別な料金を払っても座っていきたいという乗客の要望に応え、着席できる快適な冷房車の海水浴特急として、1961（昭和36）年7月に座席指定特急「内海」号の運転が開始される。車両は冷房車の5500系を使用し、運転は7月23日から8月13日までの22日間で、料金は新岐阜～河和口間100円、新名古屋～河和口間70円であった。名鉄における初の座席指定の有料特急である。行先が河和口なのは、河和口で内海行バスに連絡したためである。

　1963（昭和38）年の夏期輸送は7月20日（土）から8月18日（日）に行われ、重点輸送の対象となった河和線有効時間帯の河和行を休日4本、平日2本、河和発を休日4本、平日3本を、SR車あるいはAL車の6連としたほか、臨時列車は一部を除いて特急として河和

座席指定特急「内海」号の前頭部。当初、種別は臨時特急だった。
1961.7　Si

名鉄初の座席指定特急として運転された「内海」号。車両は特別料金が不要な列車としては日本初の冷房車として1959（昭和34）年に登場した5500系が使用された。太田川　1961.8　Si

線は神宮前〜知多半田間無停車、以後、知多武豊、河和口のみに停車、常滑線は神宮前〜新舞子間を無停車で運転した。また、土曜日には名古屋方面から内海方面への泊り客を対象とする旅客の便を図るため、14時〜20時に週末特急を増発し、新岐阜発には「南知多」の名称を付けている。

「内海号」は好評で継続して運転され、1964(昭和39)年にはSR車を使った座席指定をしない特急「篠島号」が増発されている。

1964(昭和39)年から座席指定料金は均一制の100円となり、1966(昭和41)年に、「内海号」は小野浦行のバスに連絡する「小野浦号」を併結して「内海・小野浦号」となり、新たに座席指定特急となった「篠島号」が栄生〜河和間に土曜河和行、日曜河和発で運転された。1967(昭和42)年からは、パノラマカー7000系が使用された。1968(昭和43)年には、さらに伊良湖行の観光船に連絡する「伊良湖号」が併結され、列車名称は「内海・小野浦・伊良湖号」の3層だてとなった。

座席指定された「内海号」の横サボ。号車表記はイ・ロ・ハのカタカナ表記である。1966.8　Si

河和口に到着した「内海」号。内海へはバスで連絡した。1961.8　河和口　Si

第6章 海水浴特急史　147

「内海号」と「小野浦号」が併結となった5500系の「内海・小野浦号」が河和に到着する。
1966.8　河和　Si

「内海号」は1966 (昭和41) 年シーズンには「小野浦号」を併結して「内海・小野浦号」となり、1967 (昭和42) 年には7000系パノラマカーが使用された。1967.8　神宮前　Si

1968 (昭和43) 年には、さらに伊良湖行の観光船に連絡する「伊良湖号」が併結され、列車名称は「内海・小野浦・伊良湖号」の3層だてとなった。車内販売の積み込みが行われている。1968.8　神宮前　Si

座席指定特急の拡充

1969（昭和44）年に観光特急が有料の座席指定特急化されると、河和行の海水浴特急の列車名は「南知多号」に統一され、新たに新岐阜～常滑間に「野間号」の運転が開始された。

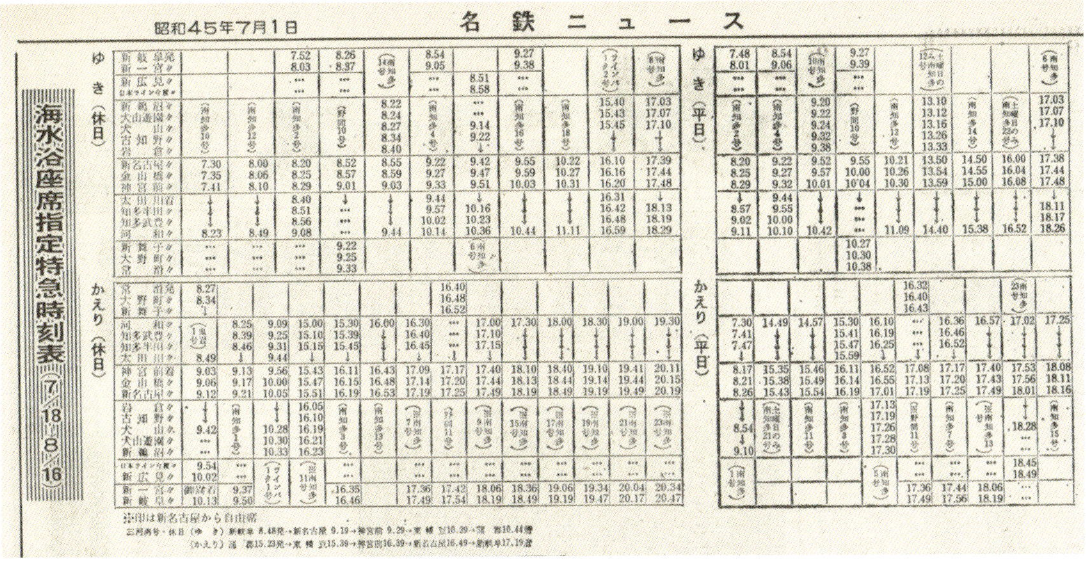

1973（昭和48）年夏から座席指定特急の名称が変わり、河和行の列車は定期を「南知多」として、臨時列車を新名古屋発が「いるか」、新岐阜発が「かっぱ」、犬山線系統が「とびうお」に変更して、運行本数もピーク時に3本/時に増強された。また、1974（昭和49）年6月30日に知多新線が上野間まで開業すると、上野間行の「ヤングビーチ」が新たに設定されている。1975(昭和50)年の海水浴輸送から、河和で篠島への名鉄海上観光船に連絡する列車名は「しのじま」の名称が新たに登場した。

1970（昭和45）年夏の海水浴座席指定特急時刻表

昭和45年7月1日　名鉄ニュース

海水浴座席指定特急時刻表（7/18～8/16）

ゆき（休日）

駅名											
新岐阜発 新一宮〃			7.52 8.03	8.26 8.37	(14号南知多)	8.54 9.05		9.27 9.38		([illegible])	(8号南知多)
新広見〃 日本ライン今渡〃			… …	… …		… …	8.51 8.58	… …			
新鵜沼〃 犬山遊園〃 犬山〃 古知野〃 岩倉〃	(南知多10号)	(南知多12号)	(南知多2号)	(野間10号)	8.22 8.24 8.27 8.34 8.40	(南知多4号)	… … 9.14 9.22 ↓	(南知多16号)	(南知多18号)	15.40 15.43 15.45 ↓	17.03 17.07 17.10 ↓
新名古屋〃 金山橋〃 神宮前〃	7.30 7.35 7.41	8.00 8.06 8.10	8.20 8.25 8.29	8.52 8.57 9.01	8.55 8.59 9.03	9.22 9.27 9.33	9.42 9.47 9.51	9.55 9.59 10.03	10.22 10.27 10.31	16.10 16.16 16.20	17.39 17.44 17.48
太田川着 知多半田〃 知多武豊〃 河和〃	↓ 8.23	↓ 8.49	8.40 8.51 8.56 9.08	↓ … … …	↓ 9.44	9.44 9.57 10.02 10.14	↓ 10.16 10.23 10.36	↓ 10.44	↓ 11.11	16.31 16.42 16.48 16.59	↓ 18.13 18.19 18.29
新舞子〃 大野町〃 常滑〃	… … …	… … …	… … …	9.22 9.25 9.33			(6号南知多)				

かえり（休日）

駅名														
常滑発 大野町〃 新舞子〃	8.27 8.34 ↓							16.40 16.48 16.52						
河和〃 知多武豊〃 知多半田〃 太田川〃	([illegible]) 8.49	8.25 8.39 8.46 ↓	9.09 9.25 9.31 9.44	15.00 15.10 15.15 ↓	15.30 15.39 15.45 ↓	16.00 ↓	16.30 16.40 16.45 ↓	… … … ↓	17.00 17.10 17.15 ↓	17.30 ↓	18.00 ↓	18.30 ↓	19.00 ↓	19.30 ↓
神宮前着 金山橋〃 新名古屋〃	9.03 9.06 9.12	9.13 9.17 9.21	9.56 10.00 10.05	15.43 15.47 15.51	16.11 16.15 16.19	16.43 16.48 16.53	17.09 17.14 17.19	17.17 17.20 17.25	17.40 17.44 17.49	18.10 18.13 18.19	18.40 18.44 18.49	19.10 19.14 19.19	19.41 19.44 19.49	20.11 20.15 20.19
岩倉〃 古知野〃 犬山〃 犬山遊園〃 新鵜沼〃	↓ 9.42 … …	(南知多1号)	↓ 10.28 10.30 10.33	16.05 16.10 16.19 16.21 16.23	(南知多3号)	(南知多13号)	(※7号南知多)	(野間11号)	(※9号南知多)	(※15号南知多)	(※17号南知多)	(※19号南知多)	(※21号南知多)	(※23号南知多)
日本ライン今渡〃 新広見〃	9.54 10.02	… …	([illegible])	(※11号南知多)	… …		… …	… …	… …	… …	… …	… …	… …	… …
新一宮〃 新岐阜〃	御嵩着 10.13	9.37 9.50			16.35 16.46		17.36 17.49	17.42 17.54	18.06 18.19	18.36 18.49	19.06 19.19	19.34 19.47	20.04 20.17	20.34 20.47

ゆき（平日）

7.48 8.01	8.54 9.06	(10号南知多)	9.27 9.39		([illegible])			(6号南知多)
… …	… …		… …					
(南知多2号)	(南知多4号)	9.20 9.22 9.24 9.32 9.38	(野間10号)	(南知多12号)	13.10 13.12 13.16 13.26 13.33	(南知多14号)	([illegible])	17.03 17.07 17.10 ↓
8.20 8.25 8.29	9.22 9.27 9.32	9.52 9.57 10.01	9.55 10.00 10.04	10.21 10.26 10.30	13.50 13.54 13.59	14.50 14.55 15.00	16.00 16.04 16.08	17.38 17.44 17.48
↓ 8.57 9.02 9.11	9.44 9.55 10.00 10.10	↓ 10.42	↓ … … …	↓ 11.09	↓ 14.40	↓ 15.38	↓ 16.52	↓ 18.11 18.17 18.26
			10.27 10.30 10.38					

かえり（平日）

					16.32 16.40 16.43			(23号南知多)	
7.30 7.41 7.47 ↓	14.49 ↓	14.57 ↓	15.30 15.41 15.47 15.59	16.10 16.19 16.25 ↓	… … … ↓	16.36 16.46 16.52 ↓	16.57 ↓	17.02 ↓	17.25 ↓
8.17 8.21 8.26	15.35 15.38 15.43	15.46 15.49 15.54	16.11 16.14 16.19	16.52 16.55 17.01	17.08 17.13 17.19	17.17 17.20 17.25	17.40 17.43 17.49	17.53 17.56 18.01	18.08 18.11 18.16
↓ 8.54 ↓ 9.10	([illegible])	(南知多11号)	(南知多3号)	17.13 17.19 17.26 17.28 17.30	(野間11号)	(南知多7号)	([illegible]南知多13)	↓ 18.28 … …	(南知多15号)
(1号南知多)				(5号南知多)	… …	… …	… …	18.45 18.49	
					17.36 17.49	17.44 17.56	18.06 18.19	… …	

※印は新名古屋から自由席
三河湾号・休日（ゆき）新岐阜 8.48発→新名古屋 9.19→神宮前 9.29→東幡豆10.29→蒲郡10.44着
（かえり）蒲郡15.23発→東幡豆15.39→神宮前16.39→新名古屋16.49→新岐阜17.19着

1970（昭和45）年夏の休日には、河和に向けて「南知多号」が新名古屋発3本、新岐阜発3本、新鵜沼発1本、新広見発1本（うち定期1本）が運転され、臨時特急の多くは神宮前～河和間無停車だった。帰りは15時から19時30分まで、30分間隔で10本(うち定期2本)が運転された。出典：名鉄ニュース

1974（昭和49）年夏の海水浴座席指定特急時刻表

休日上り　岐阜・犬山・名古屋方面から南知多・蒲郡・豊橋方面へ

駅名＼列車名	豊橋4号	豊橋8号	いるか30号	とびうお32号	かっぱ34号	ヤングビーチ36号	いるか38号	とびうお40号	伊良湖2号	かっぱ44号	三河湾2号	ヤングビーチ46号
新岐阜					7:30	7:45	(佐屋)7:40			8:30	8:45	
新一宮					7:40	7:57	(日比野)7:43			8:42	8:55	
国府宮					7:45	8:01	(津島)7:50			レ	レ	
新鵜沼				7:00	｜	｜	(勝幡)7:54	8:00		｜	｜	8:30
犬山遊園				7:02	｜	｜	(木田)8:00	8:05		｜	｜	8:35
犬山				7:05	｜	｜	(甚目寺)8:05	8:10		｜	｜	8:40
古知野				7:13	｜	｜	(須ケ口)8:11	8:18		｜	｜	8:47
岩倉				7:22	｜	｜		8:24		｜	｜	8:54
新名古屋	6:40	7:14	7:20	7:40	8:00	8:15	8:20	8:40	8:43	9:00	9:13	9:15
金山橋	6:45	7:20	7:24	7:44	8:04	8:20	8:24	8:44	8:48	9:04	9:17	9:20
神宮前	6:49	7:24	7:28	7:48	8:08	8:25	8:28	8:48	8:52	9:08	9:20	9:25
太田川	｜	｜	7:42	7:59	8:19	8:39	レ	レ	｜	レ	(知立)9:38	9:39
知多半田	｜	｜	7:55	8:15	8:35	8:52	レ	レ	｜	レ	(新安城)9:47	9:52
知多武豊	｜	｜	8:00	8:20	8:40	8:57	レ	レ	｜	レ	(西尾)10:00	9:57
富貴	｜	｜	8:03	8:23	8:43	9:01	レ	9:23	｜	9:43	(吉良吉田)10:10	10:01
河和	｜	｜	8:10	8:30	8:50	｜	9:12	9:30	｜	9:50	(東幡豆)10:19	｜
上野間	｜	｜				9:08			｜		(西浦)10:25	10:08
知立	レ	レ							レ		(形原)10:27	
東岡崎	7:17	7:51							9:17		(蒲郡)10:34	
豊橋	7:41	8:16							9:40			
備考												

駅名＼列車名	かっぱ48号	とびうお50号	豊橋100号	かっぱ52号	ヤングビーチ54号	いるか56号	とびうお58号	かっぱ60号	とびうお62号	いるか64号	いるか66号	いるか68号	ヤングビーチ70号
新岐阜	8:50			9:30	9:45			10:30					12:45
新一宮	9:03			9:42	9:58			10:40					12:58
国府宮	レ			レ	レ			10:45					レ
新鵜沼	｜	(新広見)8:50		｜	｜		10:00	｜	11:00				｜
犬山遊園	｜	(日本ライン今渡)8:56		｜	｜		10:05	｜	11:02				｜
犬山	｜	9:13		｜	｜		10:07	｜	11:05				｜
古知野	｜	9:21		｜	｜		10:15	｜	11:12				｜
岩倉	｜	9:25		｜	｜		10:22	｜	11:17				｜
新名古屋	9:20	9:40	9:45	10:00	10:15	10:20	10:40	11:00	11:30	12:00	12:30	13:00	13:20
金山橋	9:24	9:44	9:49	10:04	10:20	10:24	10:44	11:04	11:34	12:04	12:34	13:04	13:25
神宮前	9:28	9:48	9:51	10:08	10:25	10:28	10:48	11:08	11:38	12:08	12:38	13:08	13:28
太田川	レ	｜	｜	レ	10:39	レ	レ	レ	11:49	12:19	12:49	13:19	13:42
知多半田	レ	｜	｜	レ	10:52	レ	レ	レ	12:05	12:35	13:05	13:35	13:55
知多武豊	レ	｜	｜	レ	10:57	レ	レ	レ	12:10	12:40	13:10	13:40	14:01
富貴	レ	10:23	｜	10:43	11:01	レ	11:23	11:43	12:13	12:43	13:13	13:43	14:04
河和	10:13	10:30	｜	10:50	｜	11:13	11:30	11:50	12:20	12:50	13:20	13:50	｜
上野間			｜		11:08								14:10
知立			10:06										
東岡崎			10:17										
豊橋			10:38										
備考													

臨時列車に「いるか」、「かっぱ」、「とびうお」の名称が付けられた1974（昭和49）年夏の海水浴特急時刻表。座席指定特急のラウンドダイヤ化前で、全列車が臨時特急の名称である。出典：名鉄

1976（昭和51）年夏の南知多方面座席指定特急時刻表

知多の海 (7/17〜8/31)

休日＝ゆき（◎は7/25, 8/1, 8/8, 8/15運転）

	いるか10号	◎①かっぱ12号	◎②とびうお14号	かっぱ16号	③南知多86号	かっぱ18号	④いるか20号	ヤングビーチ88号	④いるか22号	しのじま96号	かっぱ24号	ヤングビーチ98号	いるか26号	とびうお28号	しのじま106号	かっぱ30号	ヤングビーチ108号	いるか32号	南知多34号	いるか36号	とびうお38号	南知多126号	いるか46号	いるか50号	南知多136号	いるか52号	ヤングビーチ54号	いるか56号	しのじま146号	いるか58号	ヤングビーチ148号	いるか62号	南知多156号
御嵩									佐屋815																					明治村口1400			
伏見口																																	
新広見								820																									
日本ライン今渡								824																									
新鵜沼			701		733						911	933				1033		1101		1133		1233		1303		1333		1431					
犬山遊園			705		735						915	935				1035		1105		1135		1235		1305		1335		1435					
犬山			708		740			840			920	940				1040		1110		1140		1240		1310		1340		1440					
古知野			716		747			847			927	947				1047		1117		1147		1247		1317		1347		1447		1410			
岩倉			722		752			852			935	952				1052		1122		1152										1422			
津島							822																										
新岐阜		650		720		750		805			850		905			950		1005															
新一宮		702		731		802		816			902		916			1001		1016															
国府宮		706		736		806		820					920					1020															
新名古屋	705	720	735	750	805	820	833	835	850	905	920	933	935	950	1005	1020	1033	1035	1050	1105	1120	1135	1150	1205	1235	1250	1305	1320	1335	1350	1405	1420	1435	1450	1505
金山橋	710	725	740	755	810	825	840	845	855	910	925	940	945	955	1010	1025	1040	1045	1055	1110	1125	1140	1155	1210	1240	1255	1310	1325	1340	1355	1410	1425	1440	1455	1510
神宮前	714	728	744	758	814	828	842	844	858	914	928	942	944	958	1014	1028	1042	1044	1058	1114	1128	1144	1158	1214	1244	1258	1314	1328	1344	1358	1414	1428	1444	1458	1514
太田川	727		757		827		857		910	927		957	1010	1027	1042		1057	1110	1127	1140		1157	1210	1227	1257	1312	1327	1342	1357	1412	1427	1442	1457	1512	1527
知多半田	740		810		840		910			940		1010		1040			1110		1140			1210		1240	1310		1340		1410		1440		1510		1540
知多武豊	747	806	817	836	847	906	917	936	947		1017	1047		1047		1117		1147		1217	1230	1247	1317	1330	1347	1402	1417	1432	1447	1502	1517	1530	1547
富貴	751	808	821	840	851	910	922	936	951	1006	1022	1051	1106	1117		1121	1134	1151	1206	1221	1236	1251	1321	1336	1351	1406	1421	1436	1451	1506	1521	1536	1550
河和	758	813	828	843	858	913	928		943	1013	1028		1043	1058	1113	1128		1143	1213	1229	1243	1258	1313	1328	1358	1414		1439	1458	1514		1539	1558
上野間							928					1028				1128													1428			1528	
知多奥田							931					1031				1131													1431			1531	
野間							933					1033				1133													1433			1533	

①かっぱ12号は笠松(655)に停車。②とびうお14号は柏森(712)、布袋(718)、西春(726)に停車。③かっぱ18号は笠松(755)に停車。④いるか22号は日比野(817)、勝幡(827)、木田(832)、甚目寺(837)、須ケ口(841)に停車。⑤犬山うかい210号は新立(2137)、東岡崎(2146)に停車。

1976（昭和51）年夏の座席指定特急時刻表。臨時特急は神宮前〜富貴間無停車で運転された。

	期間	延日数	臨時列車1日当り 河和	野間	蒲郡	その他	1日計	延本数
休日 第1運行	7/25, 8/1, 8/8, 8/15	日4	本51	本4	本6	本9	本70	本280
休日 第2運行	7/18, 8/22, 29	3	31	4	6	7	48	144
平日 第1運行	7/24〜8/14の平日	19	26	0	6	4	36	684
平日 第2運行	7/17〜23及び8/16〜31の平日	20	18	0	6	4	28	560
7/17〜8/31の計		46						1,668

1976（昭和51）年夏ダイヤ（7月17日〜8月31日）の概要

	ゆき 新名古屋発						かえり 河和発			野間発	蒲郡発
平日第一	(※1)05(河和ゆき)	(※2)20(河和ゆき)	(※3)35(野間ゆき)	45(蒲郡ゆき)	50(河和ゆき)		05	20	35	(※5)40	15
休日第一	05(河和ゆき)	20(河和ゆき)	(※3)33(野間ゆき)	35(蒲郡ゆき)	(※4)45(蒲郡ゆき)	50(河和ゆき)	00	15	20	40	40	15

（※1）11時台はなし （※2）11時台は河和ゆき （※3）11時台はなし
（※4）9時台は47分発 （※5）14時台はなし

1976（昭和51）年夏ダイヤにおける有効時間帯における基本発車パターン
(1時間あたり/ゆき9:00〜12:00、かえり14:00〜17:00)

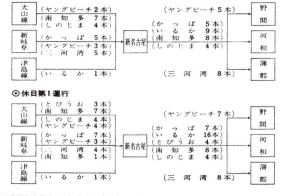

1976（昭和51）年夏ダイヤにおける海の座席指定特急1日あたりの本数

　1976（昭和51）年夏の海水浴輸送では7月17日〜8月31日に実施され、ピークの7月24日〜8月15日を第1運行として河和と野間に日曜55本、平日26本の臨時列車が運転された。時間あたりの運転本数も3本から4本に増強され、定期が「南知多」（一部「しのじま」に名称変更）、臨時列車が「いるか」、「かっぱ」、「とびうお」として運転された。午後の河和駅には、座席指定特急が並んで次々と発着し、壮観な眺めだった。また、常滑線に向けても1977（昭和52）年に「ピラビーチ」が運転されている。

河和駅に集うパノラマカー。海水浴シーズンには時間4本の特急が名古屋に向けて運転され、河和駅にはパノラマカーが並んで壮観な眺めだった　1977.8　Ha

河和に向かう定期特急は、ながらく「南知多」の愛称が付けられていた。河和口〜河和　1977.8　Ha

河和行定期特急の「南知多号」。5511-5512＋7700系。5500系の座席指定特急への充当は、原則1977（昭和52）年3月に終了した。金山橋　1976.10.31　Ha

7500系の河和行定期特急の「南知多」。7521編成　金山橋　1976.8.18　Ha

河和行定期特急の「しのじま」。河和港発の篠島、日間賀島への名鉄海上観光船の時刻にあわせて「南知多」の一部を名称変更して運転された。金山橋　1976.8.4　Ha

知多新線への定期特急には「ヤングビーチ」の名称が付けられた。7009編成　金山橋　1976.8.27　Ha

新名古屋発の臨時特急には「いるか」の名称が付けられた。7501編成　金山橋　1976.8.27　Ha

1975(昭和50)年の海水浴輸送から登場した「しのじま」。「ひまか」の文字が小さく書かれた標板もあった。
古知野〜柏森
1976.8.19　Ha

犬山線からの臨時特急には「とびうお」の名称が付けられた。
7505編成　金山橋　1976.7.8　Ha

新岐阜発の臨時特急には「かっぱ」の名称が付けられた。
7505編成　金山橋　1976.8.5　Ha

海水浴時期以外の河和への臨時特急は「みはま」の名称が付けられた。名称の上に赤字で書かれた座席特急の文字は、「高速」種別の新設に伴い、1977(昭和52)年3月から外されている。写真は行先表示板が大型の7515編成で、種別部分が「特」ではなく、「特急」と書かれている。金山橋　1976.8　Ha

知多新線の開業

海水浴特急の運行パターンが大きく変わるのが、1980（昭和55）年6月5日の知多新線全線開業である。残る野間〜内海間4.1kmの開業で、知多新線富貴〜内海間13.9kmが全通。時間あたり1本が設定された定期特急の名称を「うつみ」として、52分で運転を開始した。この年の夏期輸送は7月19日〜8月31日の44日間に行われ、ピーク時の7月19日〜8月17日の第1運行では知多新線に日曜73本、平日54本、河和線に日曜48本、平日26本の臨時特急を運転している。これまでの臨時特急の名称は発駅基準であったが、この年から行先別に変更となり、内海行は「とびうお」として2本/時を運転した。河和行は名称を篠島と日間賀島への観光船に接続する列車を「しのじま」、それ以外の列車を「みはま」として1本/時の定期特急と臨時特急を運転した。いずれも列車の前頭に掲げる行先標板は、カラフルなイラスト入りとなった。

この結果、ピーク時には5本/時の特急が知多半島南端に向け運転され、内海行急行2本/時と河和行準急1本/時が特急を補い、内海行急行には6000系が優先使用された。定期特急「うつみ」の運転開始に伴い、「ヤングビーチ」の名称は廃止となった。

知多新線全通で運転を開始した内海行定期特急は「うつみ」の名称が付けられ、南知多ビーチランドのイルカをデザインした行先標板が付けられた。野間〜内海　1981.8.8　Ha

内海行臨時特急には「とびうお」の名称が付けられた。金山橋　1980.7.20　Ha

河和で篠島、日間賀島への高速船に連絡する河和行定期特急は「しのじま」の名称が付けられた。金山橋　1980.7.20　Ha

第6章　海水浴特急史　155

高速船接続のない河和行特急には「みはま」の名称が付けられた。
金山橋　1980.7.14　Ha

1980（昭和55）年夏の南知多方面時刻表

篠島、日間賀島への船や伊良湖へのフェリー、連絡バスの時刻が掲載された1980（昭和55）年の夏の南知多方面時刻表

1982（昭和57）年に特急の名称が行先に変更されると、夏の海水浴特急を彩った「うつみ」「しのじま」「みはま」「とびうお」の名称は、イラストがはいった行先標板と共に使われなくなった。カラフルなイラスト入の行先標板の使用は、わずか2年で終了した。

1984（昭和59）年にパノラマDX（デラックス）の運転が始まると、海水浴特急としても河和や内海に運転された。当初は臨時特急の一部列車の置き換えであったが、1986（昭和61）年3月に別曽池信号場が開設されたことで知多新線内は時間4本の特急の運転が可能になり、増発列車にはパノラマDXが運転された。1987（昭和62）年にパノラマDXが増備されて4組成となると1本/時運転され、特急は時間4本運転となった。この頃が海水浴輸送で最も多くの列車が設定された時期となった。

1982（昭和57）年3月のダイヤ改正で名称特急の設定は原則なくなり、標板には行先が表示されるだけになった。1983.6　富貴〜上野間　Ha

1988（昭和63）年夏の特急時刻表

パノラマDXが1本/時運転された1988（昭和63）年夏の特急時刻表

第6章 海水浴特急史　157

海水浴輸送の終焉

しかし、海水浴における電車利用者は減少傾向にあり、有効時間帯以外の臨時特急の設定は減っていった。1990(平成2)年から1992(平成4)年にかけて、パノラマDXを使用し新鵜沼～内海間で運行された列車には「マーメイド」の名称が付けられたが、これが海水浴特急の最後の名称列車となった。1992(平成4)年の夏期輸送は例年通り7月19日～8月16日に行われたが、恒例の特急時刻表は発行されなかった。

1993(平成5)年の夏期臨時特急の運転はさらに短縮され、7月17,18日と7月24日～8月11日となった。臨時特急は内海行が休日午前中に1本、知多半田で分割される河和と内海行の併結が2本、定期の河和行に併結され知多半田で分割される内海行が2本、平日の臨時特急は河和行が1本、知多半田で分割される河和と内海行の併結が1本、定期の河和行に併結され知多半田で分割される内海行が1本あるだけとなった。

こうした海水浴の臨時特急の運転は、海水浴きっぷの発売という営業施策との連携であったが、レジャーの多様化による海水浴客の減少もあって電車による海水浴客は減り続けていった。1994(平成6)年にも海水浴きっぷは発売されたが海水浴の臨時特急の設定はなく、1961(昭和36)年の「内海」号に始まる海水浴特急の歴史は1993(平成5)年で終わりを告げた。

海水浴特急最後の名称列車となった「マーメイド」。1990(平成2)年から1992(平成4)年の3シーズン運転された。1992.8.9　金山　Ha

1993(平成5)年夏の南知多方面時刻表

種別	急行	特急	急行	急行	急行	特急	急行	特急	急行	特急	急行	特急	特急	特急	急行	特急	急行	特急	特急	急行	特急
行先	河和	河和	内海	常滑河和	河和	内海	内海	河和・内海	河和	内海	内海	河和・内海	河和	河和・内海	河和	河和・内海	河和	内海	内海	内海	河和
始発	岩倉	新鵜沼	新鵜沼	新鵜沼	(各)新岐阜	新鵜沼	新岐阜	新鵜沼	新岐阜	新鵜沼	(各)新岐阜	新鵜沼	(各)新岐阜	新鵜沼	(各)新岐阜	新鵜沼	(各)新岐阜	新鵜沼	(各)新岐阜	新鵜沼	新鵜沼
新名古屋	622	652	657	710	724	737	754	807	824	830	837	854	907	924	930	937	954	1024	1030	1037	1054	1107
金　山	626	657	701	714	728	740	758	810	828	834	840	858	910	928	934	940	958	1010	1028	1034	1040	1058	1110
神宮前	631	700	704	717	732	744	802	814	832	836	844	902	914	932	936	944	1002	1014	1032	1036	1044	1102	1114
太田川	646	713	714	732	743	755	813	825	↳	843	847	855	913	925	↳	943	947	↳	955	1013	1025	↳	1043	1047	↳	1055	1113	1125
知多半田	701	725	729	747	758	805	828	837	838	902	858	908	928	937	938	1002	958	1000	1008	1028	1037	1038	1102	1058	1100	1105	1128	1135
富　貴	712	731	739	758	807	812	838	844	851	912	908	916	939	944	951	1012	1005	1008	1016	1038	1044	1051	1111	1105	1108	1114	1138	1142
上野間			746		817	846		856		913	922	946		956	1013	1022	1046		1056		1113	1122	1146
内　海			756		826	856		906		923	931	956		1006	1023	1031	1056		1106		1123	1131	1156
河　和	727	737		807	814		850		927				950				1027	1012		1050			1127	1112			1148

※「河和・内海」行特急は知多半田駅で分割します。　※種別が途中で変わる列車がありますのでご注意ください。　※(各)は犬山経由

海水浴臨時特急の最後のシーズンとなった1993(平成5)年夏の南知多方面時刻表

＊座席指定を行う有料の特急の名称は1974(昭和49)年9月までは「座席指定特急」、同年9月以降は「座席特急」、1977(昭和52)年3月20日からは座席指定を行わない特急を「高速」として種別を変更し、座席指定を行う特急を「特急」として案内されているが、本書では原則1977(昭和52)年3月までを「座席指定特急」、それ以降を「特急」と標記している。

第7章
名鉄高速電車変遷史-3
【7000系パノラマカーの登場から特急偏重時代まで】

　1961（昭和36）年にわが国初の前面展望車としてスカーレット一色の斬新なデザインで登場した7000系パノラマカーは、地方の一私鉄であった名古屋鉄道の名を全国に知らしめることになった。7000系はさらに性能を高めた7500系や前面展望室のない7700系と共に、1975（昭和50）年まで15年にわたり212両が製造され、特急運転を支線区へ拡げていく。増えつつある自家用車への対抗もあって、クロスシートの快適な車両で都市間を如何に早く結ぶかが至上命題になり、普通列車の本数を減らして停車駅を絞った特急の運行を増やしていった。

わが国初の前面展望にスカーレットの鮮やかな塗装で登場し、一世を風靡した7000系パノラマカー。そのインパクトは大きく、増えつつある自家用車への対抗策として、2扉クロスシート車両による都市間連絡輸送を強化することになる。1961.5.21　伊奈　Hg

7000系パノラマカーの登場

　1961(昭和36)年6月に、わが国初の前面展望車として登場した7000系は「パノラマカー」と呼ばれ、スカーレットの塗装、ミュージックホーン、側面の連続窓、空気バネの台車など新しい方式の採用は従来の車両から一線を画し、驚きを持って迎えられた。

　パノラマカーのアイディアは、当時の名鉄副社長がイタリアで「セッテベロ」に乗ったことがきっかけと伝えられている。前面展望を実現するため、「セッテベロ」の運転室は客室の上部ではなく、床面を高くした高運転台の構造であったが、パノラマカーは一歩進んで客室の真上に運転台を設置した。デザインの決定にあたっては粘土でクレイモデルが造られた。当初のデザインは踏切対策として衝突時の衝撃を吸収するため、ボンネットの部分が飛び出していたが、新開発の油圧緩衝器(オイルダンパ)を取り付けることでスマートなキャブオール形の外観となり、前面ガラスを前端まで出して乗客とガラス面との距離を離して安全を確保し、天井が低いことによる圧迫感がないよう展望室の空間を拡大した。前面はコストの面から曲面ガラスをやめ、複層の平面ガラスとした。室内の設計にあたっては既存の車両の面影を残し、特に5000系、5200系、5500系に古びた感じを持たせないよう配慮され、また定期券の乗客も乗ることから、大衆車という線を離れず、実質本位となった。先頭部には、フェニックスのエンブレムが取り付けられた。

運転台はモックアップが造られて、前方の視野や居住性が確認された。写真は7500系モックアップ。1963.4　Si

デザインの決定にあたり、粘土でクレイモデルが造られた。当初のデザインではボンネット部分が飛び出していたが(左)、油圧緩衝器の取り付けでスマートな外観となった(右)。1960.9　Si

日本車両で鋼体が完成した7000系。1961　Si

コラム パノラマカーのアイディアの元となったイタリアの「セッテベロ」

　1952（昭和27）年に登場したイタリアの特急用車両。ETR300として3本あり、1974（昭和49）年からは欧州特急網であるTEE（Trans Europ Express）に組み込まれ、ミラノ～ローマ間で運転された。車両は7両組成で全1等車。「セッテベロ」（Settebello）の愛称はトランプゲームの切り札から来ており、側面にはそのイラストが描かれている。両端の運転台を2階にあげ世界で初の前面展望車としており、流線形の革新的なスタイルは世界から注目された。

　パノラマカーと大きく異なるのは運転室部分は床を高くした高運転台の構造であることで、運転台下部は客室ではなく、11席の回転座席が設けられた前面展望室には側壁沿いの狭い通路を通って出入りした。1960（昭和35）年には同様の外観で4両組成としたETR250「アルレッキーノ」（Arlecchino）4本が製造されている。車両の老朽化に伴い、1984（昭和59）年にTEEから外れたのち、1992（平成4）年まで使用された。

「セッテベロ」の前面展望室。1981.10　Ha

「セッテベロ」の運転台。1981.10　Ha

ミラノ中央駅に到着するETR300「セッテベロ」。1981.10　Ha

7000系パノラマカーの運転開始
（1961（昭和36）年6月12日ダイヤ改正）

　7000系は6月1日の豊橋での出発式の後、運行が開始された。6月12日にはダイヤ改正が行われ、名古屋本線の最高速度は110km/hとなった。これにより、昼間帯の所要時間は新岐阜～新名古屋間は30分が27分、新名古屋～豊橋間が65分から56分と大幅に短縮された。新岐阜～豊橋間の所要時間は上り83分、下り85分である。

　6月12日ダイヤ改正による運行は、特急が新岐阜～豊橋間1本/時、新岐阜～東岡崎間1本/時で、新岐阜から新名古屋まで特急、新名古屋から豊橋間が急行に種別変更する列車が1本/時、栄生発着の三河線直通の特急が1本/時あった。これに伴い新岐阜～新名古屋～知立間は特急が3本/時、知立～東岡崎間は特急が2本/時、急行が1本/時、豊橋へは特急が1本/時、急行が1本/時の運転と大幅に増強された。犬山線も編成が6両となり、津島線には朝、名古屋方面に津島～須ヶ口間ノンストップの急行と夕方、津島方面に準急が設定された。

　休日の観光特急は、新たに名古屋本線に豊橋でバスに接続する「はまなこ号」が設定され、1960（昭和35）年5月に犬山自然公園内に遊園地の犬山ラインパークが開設されていることから豊橋発の「ライン

竣工した7000系。まだ、フェニックスのエンブレムは取り付けられていない。1961.5　Mz

豊橋での7000系発車式。1961.6.1

号」が「ラインパーク号」と改称された。新たに河和線から犬山線方面への「ライン号」、岐阜方面への「きんか号」（片道のみ）が設定されている。また、形原への毎日運転の「さんがね号」は1往復になり、土曜午後に形原行が片道運転され、「いでゆ号」の名称が復活している。

7000系は新岐阜〜豊橋間の特急に充当され、3組成で運行された。当初、7000系には前面に行き先表示はなく、側面の方向板だけで行き先を表していた。これは7000系自体が岐阜〜豊橋間の特急を表していたからである。

7000系は、当初、「走る前面展望車」あるいは「パノラマ展望車」とPRされたが、すぐに「パノラマカー」と呼ばれるようになり、その呼び名が定着した。

7000系が登場した
1961(昭和36)年6月12日改正
の時刻表

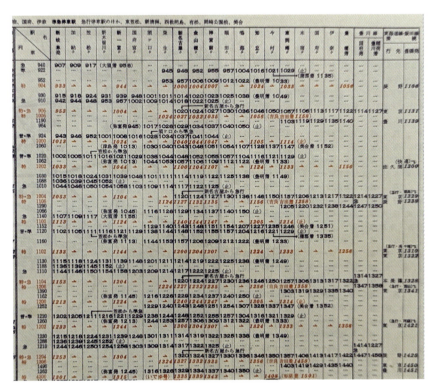

1961(昭和36)年6月　7000系登場時の特急運行時刻

種別	新岐阜	新一宮	新名古屋	金山橋	神宮前	知立	東岡崎	豊橋
特急	10:13	10:24	10:40	10:44	10:47	11:05	11:14	−
特急	10:33	10:44	11:00	11:04	11:07	11:24	11:33	11:56
特・急	10:53	11:04	11:20	11:24	11:27	11:46	11:57	12:22
特急	-	-	11:27	11:32	11:35	11:56	（三河線へ）	
特急	11:27	11:15	11:00	10:55	10:52	10:35	10:26	10:02
特急	11:47	11:35	11:20	11:15	11:12	10:53	10:46	−
特急	−	−	11:33	11:28	11:25	11:07	（三河線から）	
特・急	12:07	11:55	11:40	11:35	11:32	11:14	11:03	10:36

　急行　　は7000系の運用

1961(昭和36)年6月12日ダイヤ改正　新名古屋駅平日昼間帯発車時刻

路線	昼間時の基本パターン
名古屋本線東部方面	00 特 豊橋　14 普 豊明　18 急 神宮前　20 急 豊橋（新名古屋まで特）　27 特 吉良吉田（三河線経由）　29 普 鳴海　37 普 神宮前　40 特 豊橋　43 普 美合　48 準 東岡崎　57 普 豊明
名古屋本線西部方面	00 特 新岐阜　08 準 新岐阜　13 普 須ヶ口　20 特 新岐阜　27 普 弥富　33 特 栄生（吉良吉田発）　40 特 新岐阜　46 普 新岐阜　48 急 新岐阜　57 普 弥富
常滑・河和方面	12 準 河和　22 普 常滑　45 急 河和　52 普 常滑
犬山線方面	02 急 新鵜沼　10 普 新鵜沼　30 普 新鵜沼

7000系をPRするため、PR映画「ぼくらの特急」が制作され、全国の映画館で上映された。撮影にあたっては、線路を閉鎖して併走撮影も行われた。1961　Si

外務省の海外宣伝映画「日本の四季」撮影用に登場して間もない7000系を伊奈駅で10両組成に組み替え、伊奈〜国府間を走行した。10両組成での走行はこの時だけである。1961.9.7

7000系運転開始の案内。当初は「パノラマ展望車」と呼ばれた。
1961.5 Si

6月12日ダイヤ改正を告知する1961（昭和36）年6月発行の名鉄ニュース

第7章 名鉄高速電車変遷史-3

7000系

　1961（昭和36）年、日本初の全面展望車として登場した7000系は「パノラマカー」と呼ばれ、スカーレットの塗装、ミュージックホーン、側面の連続窓、空気バネ台車など新しい技術の採用は従来の車両から一線を画し、驚きを持って迎えられた。当初、先頭は「Phoenix」（不死鳥）のエンブレムだけであったが、2次車の増備で本線特急以外にも使われるようになったので、1963（昭和38）年から逆富士型行先種別表示器が取り付けられた。

　7000系は14年間に9次にわたり製造されたので、製造年度により仕様が少しずつ異なっている。また、組成も当初は6連であったが、駅ホームが短い支線区への運転が開始された1967（昭和42）年4月に4連が登場し、輸送体制にあわせて何度も組み替えが行われている。1968（昭和43）年1月には本線での8両運転にあわせ、7500系に続いて8両組成2本が登場したものの、運用の効率化を図るため10月に解消している。

　1973（昭和48）年に石油危機が訪れると、7000系もラッシュ輸送に使わざるを得ない車両事情から4両組成車を連結できるように改造し、後に自動連結器が取り付けられた。1982（昭和57）年には座席指定の有料特急の差別化のため、内装を変更した特急改装車が登場し、区別のため白帯を巻いた。1986（昭和61）年には内装を向上した2次特急改装車も登場し、白帯車の特急改装車組成数は11本に達した。しかし、1988（昭和63）年6月に特急車の1000系パノラマスーパーが登場すると白帯車は数を減らし、1999（平成11）年の1600系登場で7000系白帯車による座席指定特急の運用は終了し、白帯も撤去された。

　廃車は8800系パノラマDX（デラックス）に機器を流用するため、1984（昭和59）年に中間車4両でおこなわれたのが始まりで、1998（平成10）年から本格的に始まり、2008（平成20）年9月に6連の運用が終了。同年12月26日に残る4連3本の定期運用が終了し、白帯を復活した7011編成がイベント用に残った。翌2009（平成21）年8月30日の最終運行を最後に全車廃車となった。

登場直後の7000系パノラマカー。1961.5.21　伊奈　Hg

7000系2次車登場による増発
（1962（昭和37）年6月25日改正）

　7000系は、翌1962（昭和37）年5月に2次車として6連4本（7007～14編成）24両が増備された。これをうけて6月25日にダイヤが改正され、朝夕の時間に豊橋行特急が増発されて時間あたり2本の運転となり、昼間帯の新岐阜～東岡崎間の特急4往復が豊橋まで延長された。また、昼間帯の神宮前～新岐阜間の準急の一部が急行化されている。豊橋～新鵜沼間の観光特急「ラインパーク号」が5500系の運転となった。

　犬山線には急行が増発されて、1～2本/時の運転となり、栄生、岩倉、古知野、犬山、犬山遊園に停車して新名古屋～犬山間を30分、新鵜沼まで34分で運行した。休日の観光特急では、河和行の「南知多号」が1本増発されている。

　この改正に先立ち、3月26日には常滑線の神宮前跨線橋工事に伴い、神宮前の構内留置線が撤去されている。

1962（昭和37）年6月改正新名古屋駅発車時刻表（平日）

7500系の登場（1963（昭和38）年12月1日改正）

　1963（昭和38）年11月には低重心車体と定速度制御装置、回生ブレーキなどの採用により高速性能を高めた7500系1次車6連4本（7501～7508編成）24両が新製された。パノラマカーが増えて犬山線や河和線でも使用する機会に備え、前面に逆富士型の行先種別板が取り付けられた。

　7500系の運行開始を受けた昭和38（1963）年12月1日ダイヤ改正で、昼間帯の名古屋本線の特急は東岡崎止まりを豊橋まで延長し、新名古屋～豊橋間は特急2本/時と急行1本/時と増強され、豊橋への列車は原則、パノラマカーによる運転となった。新岐阜～神宮前間は準急を廃止して東笠松・新清洲に停まる急行を増発し、昼間帯の特急・急行は時間あたり6本の運転となった。

一方、犬山線からの急行は神宮前止まりが多かったが、1962(昭和37)年12月16日に東海道本線を跨ぐ跨線橋が完成し、常滑線の神宮前〜伝馬町信号場間が複線化されたことを受けて常滑・河和線と通しで運転されるようになり、犬山線では急行2本/時が定時隔で設定され、河和線も急行1本/時が定時隔の運転となった。これら路線では5000系以上のSR車による最高速度100km/hの運行が始まり、半径400mの曲線で速度制限を5km/h緩和することで、犬山線の所要時間は新名古屋〜犬山間で27分、新名古屋〜新鵜沼間で31分、河和線は新名古屋〜河和間で50分に短縮された。また、朝夕に設定された常滑行の急行は、神宮前〜太田川間を無停車として新名古屋〜常滑間を48分で運転した。同時に神宮前の3,4番線ホームが120mに延伸され、6両編成が停車できるようになった。

1964(昭和38)年5月6日には列車標板の仕様が改正され、特急は白地に赤文字、急行は黄地に黒文字、準急は緑地に黒文字となった。

1963(昭和38)年12月1日ダイヤ改正　新名古屋駅平日昼間帯発車時刻

路線	昼間時の基本パターン
名古屋本線東部方面	03 急 神宮前　07 普 豊明　10 急 豊橋(新名古屋まで特)　22 特 吉良吉田　27 急 堀田　30 特 豊橋　33 普 豊明　38 準 美合　50 特 豊橋　52 普 東岡崎　58 急 堀田
名古屋本線西部方面	00 特 新岐阜　07 準 栄生　10 急 新岐阜　13 普 弥富　20 特 新岐阜　24 普 須ヶ口　27 特 栄生(吉良吉田発)　30 急 新岐阜　40 特 新岐阜　50 急 新岐阜　57 普 新岐阜
常滑・河和方面	02 準 河和　15 普 知多武豊(太田川から急行)　25 準 常滑　44 急 河和　45 普 常滑
犬山線方面	05 急 新鵜沼　16 普 岩倉　22 準 新鵜沼　35 急 新鵜沼　46 普 新鵜沼

日本車両で竣工し、神宮前で7000系とならんだ7500系。1963.10　Si

パノラマカーのマークが入れられた
1963（昭和38）年12月1日
ダイヤ改正の時刻表（部分）

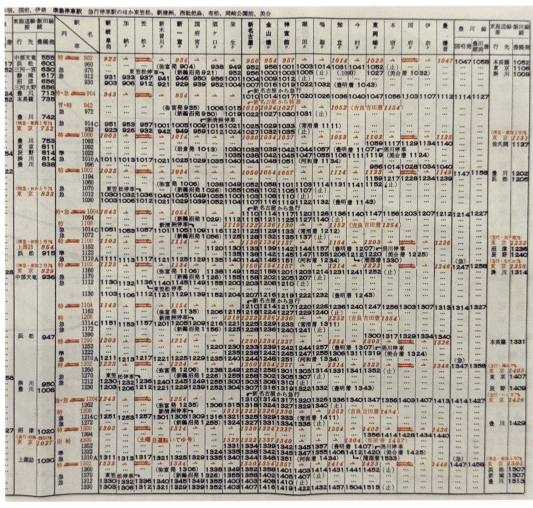

第7章 名鉄高速電車変遷史-3

7500系

　平坦線のつりあい速度を180km/hにあげるとともに100km/hにおける加速力を倍にして加減速と高速性能の向上を図ったパノラマカーで、床面高さを160mm低くして低重心化。トランジスタを使って定速制御をおこない、回生制動付の他励界磁制御など、当時としては最先端の電子制御を採用した。1963（昭和38）年に6連4本が登場し、7連を経て、1967（昭和42）年に固定8連が登場。8連は6本まで増備されたが、運用の効率化のため1970（昭和45）年に6連化され、以後、6連12本が活躍した。7000系とは制御方式が異なることから他形式と連結運転ができず、そのため先頭車の事故対策として中間運転台付きの車両も2両（モ7665とモ7566）製造されている。

　7000系同様、製造年代によって仕様が少しずつ異なっている。1988（昭和63）年から特別整備が始まり、1991（平成3）年までに7本が実施されたが、新造車への置き換えという方針変更により中止された。未更新の7500系の機器を再利用して特急用の1030系と1230系6連4本と増結用の1850系3本が製造され、1992（平成4）年から翌年にかけて5本30両が廃車になった。

　名鉄ではバリアフリー化のため、電車の床面を1100mm、ホーム高さを1070mmで整備する方針を決め、2005（平成17）年開業の中部国際空港駅や名鉄名古屋駅（新名古屋駅を改称）で整備を進めた。7500系は床面高990mmの低床車であることが災いし、2005（平成17）年9月までに全廃となった。

竣工直後の7500系。1963.11　須ヶ口　Si

登場翌年の1964（昭和39）年には7連となった7500系。19647.14　神宮前　Si

支線特急の運転開始（1964（昭和39）年9月14日改正）

　1964（昭和39）年9月14日には東海道新幹線対策として、新岐阜〜豊橋間の特急を20分間隔に増発。豊橋方面への運転は、特急3本/時、急行1本/時となった。これに備えて、7500系は2次車として7509〜14編成6連3本を増備すると共に、同年2月には1次車4本にサ7570形を組み込み7両組成化している。観光需要の喚起策として、10月11日から11月29日まで観光特急として「鳳来」号、「浜名湖」号を運転し、豊橋で鳳来湖周遊観光バスと奥浜名湖行の急行バスに連絡した。

　この頃から支線区への直通運転が拡充してくる。河和線の急行は毎時1本の運転であったが、新たに特急を設定した。観光特急と夏の海水浴特急を除くと名古屋本線以外では初の定期特急で、特急1本／時と急行1本/時の運転となった。河和行の特急は、新岐阜〜新名古屋間の急行の延長として、新名古屋を毎時45分に発車し、太田川、知多半田、知多武豊に停まり、河和ま

秋の観光需要の喚起策として、豊橋行特急を「浜名湖」号に名称変更し、豊橋で周遊バスに連絡した。
1964.11.20　新岐阜　Si

河和線では支線区で初の定期特急が運転された。
1964.10　河和　Si

架線電圧600Vだった各務原線は1500Vに昇圧され、新鵜沼の配線も変更されて、犬山線への直通運転が開始された。
1964.3.15　新岐阜　Si

第7章 名鉄高速電車変遷史-3　171

で44〜45分で運行した。河和線への定期特急の運転開始に伴い、観光特急の「きんか号」は廃止になった。

それに先駆け、各務原線の新鵜沼〜新岐阜間を1964（昭和39）年3月15日に1500Vに昇圧するとともに苧ヶ瀬〜新鵜沼間3.0kmを複線化。さらに新鵜沼駅の配線変更によって犬山線との直通運転が可能になり、毎時2本の犬山線直通急行（各務原線内普通）など全列車が新鵜沼を経て新岐阜へ直通した。急行の車両には主に5000系以上のSR車を使用し、SR車は16往復が運転された。最高速度は65km/hから85km/hに向上し、新岐阜〜新鵜沼間の所用時分は4分短縮されている。

三河方面へは、栄生着発だった三河線碧南への特

1964（昭和39）年9月からSR車で運転された三河線への快速特急。三河線内は各駅停車だった。1966（昭和41）年から運転された三河線内特急運転の快速特急とは異なり、快速特急のマークは掲出されなかった。
1964.10　神宮前　Si

SR車で運転されるようになった「三河湾号」。2往復運転されたことから、行先標板には列車毎の番号がはいっている。
1964.9　吉良吉田　Si

2往復運転となった「三河湾号」の運転時刻

	新名古屋	今村	西尾	蒲郡
三河湾1号	9:20	9:47	10:02	10:42
	12:42	12:11	11:50	11:10
三河湾2号	14:02	14:37	14:54	15:33
	17:29	17:00	16:44	16:04

急を新一宮に延長し、「快速特急」として毎時1本設定し、5000系SR車を使用して知立以南は各駅停車ながら新名古屋〜碧南間を58分で運転した。また、蒲郡線沿線の観光地化に伴い観光特急の「さんがね号」を「三河湾号」と改称し、5500系を使用して新名古屋〜蒲郡間に通年2往復運転した。線内の停車駅を吉良吉田、東幡豆、西浦、形原に限定し、従来の直通準急に比べ、所要時間を30分短縮した。西尾線では名古屋本線へ直通する準急を2時間毎から1時間毎に増発し、名古屋本線内は東岡崎発着列車と併結した。

支線へ直通する優等列車の増加に伴い、7500系増備車の運転開始で5000系SR車（5200系、5500系を含む）を、原則、4両組成の運転として、犬山、常滑、河和系統に充当して、これら線区の体質改善を行った。ラッシュ時に名古屋本線を6両編成で運転する5500系は、昼間帯は2両組成を切り離して4両で運転することになり、分割・併結を行う列車では貫通幌を使わないようになった。

3730系37両完成に伴い、1964（昭和39）年12月14日にダイヤが改正され、家族専用車が設けられていた名古屋本線の観光特急の「ながら号」が廃止になった。また、合理化として利用者の少ない早朝、深夜の普通列車が削減されている。

7500系増備車の運行でSR車は4両組成で支線直通列車の運行が基本となり、6両組成の5000系は中間車の5150系2両ユニットを外して5200系に組み込み、5200系5本が4両組成化された。1965　金山橋　Si

1964（昭和39）年9月14日ダイヤ改正　新名古屋駅平日昼間帯発車時刻

路線	昼間時の基本パターン
名古屋本線東部方面	04 急 豊橋　07 普 豊明　10 特 豊橋　24 普 鳴海　28 普 豊明　30 特 豊橋　36 準 東岡崎・蒲郡　47 普 東岡崎　50 特 豊橋　55 特 碧南
名古屋本線西部方面	00 特 新岐阜　10 急 新岐阜　12 普 弥富　20 特 新岐阜　25 普 新岐阜　30 急 新岐阜　40 特 新岐阜　45 普 弥富　50 急 新岐阜　57 特 新一宮（碧南発）
常滑・河和方面	01 普 太田川　13 準 常滑　16 準 河和　33 普 常滑　45 特 河和（新岐阜発 新名古屋まで急行）　58 急 河和
犬山線方面	03 普 新鵜沼　22 急（各）新岐阜　33 普 新鵜沼　52 急（各）新岐阜

1964（昭和39）年9月新名古屋駅発車時刻表（平日）

特急重視策

　1965(昭和40)年前後のダイヤ改正から、「特急」の列車種別をもつ列車が大幅に増加してくる。

　その背景にあるのは、マイカーの増加である。1966(昭和41)年は、後にマイカー元年と呼ばれるように、4月に日産からダットサン・サニー、11月にはトヨタからカローラが庶民にも手が届きやすい価格で発売され、自動車の大衆化が一気に進んだ。

　沿線にトヨタ、三菱など自動車会社の工場がある名鉄では、増えつつあるマイカーへの対応を迫られた。まだ、この頃は沿線の住宅開発は始まったばかりで、利用者の多くは基幹となる大都市・名古屋と地域の拠点である都市間相互の乗車だった。このため乗客の乗車時間は長く、需要に応えるため、戦後は2扉クロスシートのロマンスカーを積極的に増備した。その頂点にたったのが1961(昭和36)年に登場したパノラマカーである。マイカー対抗策として、特に営業側からのクロスシート要請は強く、1960年代後半にはロングシートであった吊掛駆動のAL車である3800系や車体更新車のHL車である3730系もクロスシート化されていく。

　自動車に負けないようにするには所要時間の短縮が課題で、その結果として進められたのが、停車駅を絞った特急による都市間直結運転である。待避設備のある駅が限られるなか特急を走りやすくするため、普通列車停車駅の利用者を、当時、全盛期だった路線バスに移行させて特急停車駅に集約することでその本数を減らしたり、小駅を通過扱いにした。また、パーク&ライドにより、列車本数の多い特急停車駅までマイカーで来て、そこから鉄道を利用してもらおうとした。

　「特急」という言葉の持つ速達感や心理的な優位感も、乗客に鉄道利用を促す効果があると考えられ、「急行」を減らして特急化していった。また、当時、通勤輸送は定期券の割引率が大きいことから費用対効果が

1965(昭和40)年9月15日に運転を開始した常滑線の特急。まず上り3本、下り2本で設定され、新名古屋〜常滑間を39分で走行した。同年12月15日のダイヤ改正では8.5往復に増え、ほぼ時間1本の運転となった。常滑駅の発車式で停車する3730系の祝賀列車。Si

悪く、そのため投資には消極的で、効率よく収入を確保する手段として、乗車時に切符を買って乗車することから利益率が高い特急等の優等列車への誘導が必要とされていた。

こうして、車両の増備にあわせて頻繁にダイヤ改正を行い、その度に特急が増加していく。(P188〜191「1965(昭和40)〜1977(昭和52)年の線区別優等列車運転の変遷」参照)観光特急や海水浴の臨時特急を除

くと、支線区の定期特急は1964(昭和39)年9月14日に河和線で運転を開始したのが始まりで、1965(昭和40)年3月21日に犬山線、同年9月15日に常滑線、広見線、各務原線、西尾・蒲郡線、同年12月15日に津島線、1966(昭和41)年3月16日に瀬戸線、3月25日に三河線、挙母線、豊川線と続いた。特急化された列車の多くは名古屋本線に直通しているが、瀬戸、挙母、豊川線は線内のみの運転だった。

1965(昭和40)年9月15日に運転を開始した各務原線の特急。新岐阜に停車中の5200系。1966.3　Si

1965(昭和40)年9月15日に運転を開始した西尾線の特急。下り4本、上り5本(うち2本は三河湾号)が設定され、急行とあわせて1本/時が名古屋本線に直通した。1966.4　今村　Si

支線への特急運転を開始した1965(昭和40)年9月15日ダイヤ改正
特急の運転系統と新名古屋駅平日昼間帯発車時刻

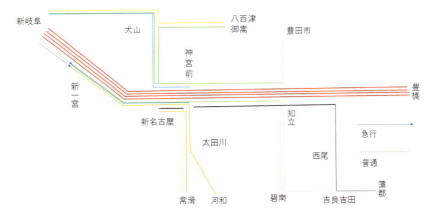

路線	昼間時の基本パターン
名古屋本線 東部方面	00 特 豊橋　03 特 蒲郡　05 準 東岡崎　11 普 鳴海　15 特 豊橋　17 特 豊田市・吉良吉田(御嵩又は八百津発) 22 普 鳴海　30 特 豊橋(東岡崎から急行)　33 普 豊明　37 急 美合(新岐阜発新一宮まで特急、新名古屋まで急行) 45 特 豊橋　47 準 鳴海　52 特 碧南(新岐阜発新一宮まで急行、新名古屋まで特急) 55 普 鳴海　57 特 神宮前
名古屋本線 西部方面	00 特 新岐阜　07 急 新木曽川　09 普 須ヶ口　15 特 新岐阜　20 特 新岐阜(新一宮から急行) 30 特 新岐阜　32 急 栄生　34 急 新岐阜(河和発)　38 普 須ヶ口　42 特 栄生(蒲郡発) 45 特 新岐阜(神宮前まで急行)　50 特 新岐阜(河和発、新一宮から急行)　52 普 新一宮・弥富
常滑・ 河和方面	10 特 河和(新木曽川発、新名古屋まで急行)　24 普 河和 26 急 河和(新岐阜発新一宮まで急行、新名古屋まで特急)　39 準 常滑　49 普 常滑
津島方面	23 弥富　52 弥富
犬山線方面	05 普 新鵜沼　18 急(各) 新岐阜　27 特 御嵩又は八百津(吉良吉田発)　40 普 新鵜沼　55 特(各) 新岐阜(碧南発)

第7章 名鉄高速電車変遷史-3　175

停車駅を絞った特急化のみならず、所定の停車駅を通過することで所要時間の短縮も図られた。1965（昭和40）年3月21日から犬山線で4往復運転された特急では、岩倉、古知野を通過して新名古屋〜犬山間を無停車で運転し、新名古屋〜犬山間を最速23分、新鵜沼間を28分で走行した。岩倉、古知野（現・江南）を通過する特急は、同年9月15日の改正で観光特急を除き、一旦なくなるが、特急が3本/時に増加した翌1966（昭和41）年12月25日改正で広見線へ直通する2本/時で復活する。この広見線〜三河線の特急には主に足の遅いクロスシート化されたHL車が使われたので、表定速度の向上で加速度の高いSR車やパノラマカーと所要時間を揃える狙いもあった。犬山線ではこうした無停車の列車に、「ノンストップ」のマークを付けることも検討されたが実現しなかった。

広見線では1965（昭和40）年9月15日から名古屋方面への毎時1本の直通特急の運転が始まり、

1965（昭和40）年12月15日に運転を開始した津島線の特急。昼間帯に5往復が設定され、新名古屋〜津島間の所要時間を32分から19分に大幅に短縮した。
津島駅の発車式　5000系　Si

1966（昭和41）年3月16日には瀬戸線にも特急が走り始め、毎時2本が大津町〜尾張瀬戸間を30分で結んだ。車両は元知多鉄道のモ910形、愛知電気鉄道のデハ3080形をモ900形とク2320形にして編成を組み、パノラマカーと同じスカーレットに塗られ、逆富士形行先種別板をつけて活躍した。
尾張瀬戸駅　ク2302　Si

1966（昭和41）年3月25日には挙母線にも特急が走り始めた。毎時1本の運転で、トヨタ自動車前、上挙母に停車して大樹寺〜豊田市間を18分で運転し、バス連絡で東岡崎まで30分で結んだ。
大樹寺　Si

三河線に直通して知立で三河（海）線（刈谷方面）と三河（山）線（豊田市方面）の豊田市行を分割、あるいは連絡した。各務原線でも名古屋方面への毎時1本の直通特急や広見線への直通特急が設定された。三河（海）線へはそれ以外にも新岐阜から名古屋本線経由の直通特急が毎時1本あり、いずれも三河線内は普通列車として各駅に停車した。三河（海）線からの下り列車は2本/時が名古屋本線経由で犬山線に直通し、1本/時が広見線、1本/時が各務原線に運転された。西尾・蒲郡線にも名古屋本線内が特急の1本/時の直通特急・急行が設定されている。この結果、神宮前〜知立間では三河線や西尾線への直通列車を加え、時間あたり特急が7本、急行が1本となった。

三河線では、1966（昭和41）年3月25日から名古屋本線から直通する特急で線内の特急運転が開始され、1本/時の全区間特急の列車は快速特急として、線内は専用のマークが取り付けられた。三河（海）線の碧南発着の快速特急は北新川、三河高浜、刈谷市、刈谷

1965（昭和40）年3月21日から特急が4本/日が運転された犬山線時刻表（上）と、特急4本/時が設定され、広見線に直通する2本/時が岩倉と古知野（現江南）を通過した1967（昭和42）年8月22日改正の時刻表（部分）。

1966（昭和41）年3月25日から運転を開始した三河（海）線（知立〜碧南）の快速特急と駅の案内。Si

1966（昭和41）年3月25日から運転を開始した三河（山）線（知立〜豊田市）の快速特急と駅の案内。Si

第7章 名鉄高速電車変遷史-3　177

に停車し、新名古屋〜刈谷間を30分で走行した。これら列車にはSR車か竣工したばかりのクロスシートの車体更新車である3770系が使用された。同時に三河（山）線でも豊田市方面へ1本/時の快速特急が運転され、土橋、上挙母のみ停車した。当時は両線とも閉塞方式はタブレットで、通過駅ではタブレットを駅員と授受しながら走行した。

西尾・蒲郡線でも、1966（昭和41）年3月25日から、線内が全区間特急の列車には快速特急のマークが付けられた。同時に名古屋本線東知立とともに、塩津、三河鹿島で一部普通列車が通過するようになった。さらに12月25日から名古屋本線からの直通特急が2本/時に増発され、線内は全区間特急が1本/時、名古屋本線内が特急、今村（現・新安城）〜西尾間急行、西尾〜蒲郡間普通の列車が1本/時の運転となった。

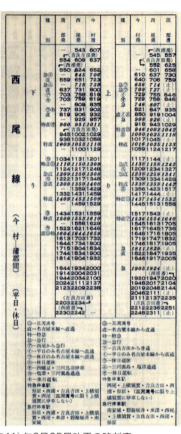

三河線と西尾・蒲郡線線内の特急列車には「快速特急」の標板が付けられた1966（昭和41）年3月25日改正の時刻表。

1965（昭和40）年9月に設定された広見線から三河線への直通特急。知立で海線と山線方面に分割された。右の3730系は旧塗装、左はライトパープル塗装。モ3748-ク2748　犬山　1966.9　Si

快速特急の標板をつけた西尾線特急。新安城　1966.11　Fu

名古屋本線の速度向上と
パノラマカー組成の変化

　名古屋本線の特急は1965（昭和40）年9月15日の改正で昼間帯に毎時1本増発され、新名古屋〜豊橋間が毎時4本（うち1本は東岡崎から急行）となり、速度の向上で所要時間は新岐阜〜豊橋間で3分短縮して81分。新岐阜〜新名古屋間では26分、新名古屋〜豊橋間では54分の運転となった。この頃は停車駅を調整するため、新一宮で特急から急行や、逆に急行から特急に種別変更する列車があり、その列車を含め、新一宮〜新名古屋間は特急が6本/時の運転となった。

　翌1966（昭和41）年12月25日の改正で特急はさらに増発され、昼間帯の豊橋行特急は4本/時の運転となった。さらなる所要時間短縮を狙い、1968（昭和43）年8月26日に定速運転できる7500系の限定使用としたＳ速度の特急の運転により、4本/時の豊橋行特急の内、1本は新名古屋〜豊橋間で3分短縮し、新岐阜〜新名古屋間25分、新名古屋〜豊橋間52分で走行した。翌1969（昭和44）年7月6日のダイヤ改正では、この列車を「快速特急」として知立通過し、新名古屋〜豊橋間で50分運転を実現した。この所要時間は、パノラマスーパーにより120km/hの運転が始まり、かつ知立通過とした1992（平成4）年まで破られなかった。

　編成も増強され、1964（昭和39）年2月に4本が7両組成化されていた7500系1次車4本は、1967（昭和42）年4月にモ7570形4両を新製するとともに、7両組成化時に組み込んでいたサ7570形を電装して、全電動車の8両組成となった。さらに1968（昭和43）年に5次車として中間車のみ4両が製造され、7500系の8両組成は6本となった。1968（昭和43）年1月には編成組み替えにより、7000系にも8両組成が2本（7005、7013編成）、登場している。しかし、8両組成で運転していた時期は短く、7000系は同年10月の4次車4両の増備で6両組成2本と4両組成4本に編成替えが行われ、7500系も1970（昭和45）年の6次車先頭車6両の竣工に伴い、6両組成12本に編成替えが行われている。

　支線特急の本数増加に伴い、支線区へのパノラマカー運転の要望が高まっていく。

1967（昭和42）年4月に登場した7500系の8両組成。1970（昭和45）年5月まで運行された。豊橋　1975.1.2　Ha

名古屋本線から支線区への特急は1966（昭和41）年12月25日のダイヤ改正で犬山線が3本/時、津島、河和、西尾、蒲郡、広見線は2本/時に増強されている。6両編成が運転可能な犬山線と河和線には7000系パノラマカーの運転も始まった。

　しかし、観光地を擁する西尾・蒲郡線方面や広見線方面へは、線路の有効長などから6両組成での運転はできなかった。そこで7000系としては5年ぶりの3次車として4連5本（7013〜24編成）が増備され、1967（昭和42）年4月10日から西尾、蒲郡、津島、尾西、常滑、広見、各務原の各線でパノラマカーの運転が始められた。これら路線では停車位置の直前に踏切がある駅も少なくなく、3次車では前方視認用のフロントアイが初めて取り付けられた。

　7000系の短編成化は、1968（昭和43）年10月に4次車として先頭車のみ4両（モ7025〜28）、1969（昭和44）年4月に5次車として4連2本（7029〜7032編成）、1970（昭和45）年4月には6次車として先頭車のみ6両

名古屋本線の特急を時間4本にすると共に、支線への直通特急を時間2〜3本に増発した
1966（昭和41）年12月25日ダイヤ改正の特急運転系統と時刻表（平日）

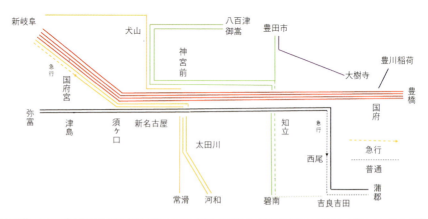

(モ7033～38)、1971(昭和46)年に7次車として4連3本(7039～7044編成)が増備され、1962(昭和37)年5月から6連7本だった7000系は1969(昭和44)年4月には6連5本、4連11本となり、7次車が竣工した1971(昭和46)年7月には6連2本、4連20本となって、6連の7500系が本線系、4連の7000系が支線系と役割を分担した。支線区に投入された4連の7000系は、当初は観光列車を中心に運用され、1969(昭和44)年3月からの観光特急の座席指定による有料特急化、1970(昭和45)年5月25日からのラッシュ時間帯における支線区からの座席指定特急増発に充当されていく。こうした動きに対し、1969(昭和44)年に製造された5次車からは各扉脇の側窓上部に電照式座席指定表示器が設置されている。

1968(昭和43)年1月には7000系にも8両組成が2本登場した。しかし、編成替えに伴い、同年10月には8両での運行は終了している。1968.6.16　Kr

蒲郡線に初入線した4連パノラマカー。1967.4　Si

左：4連のパノラマカーは常滑線にも直通した。1967.9　金山橋　Si
中：パノラマカーを使った観光特急の「三河湾号」は蒲郡線と尾西線を結んで運行された。1967.5　Si
右：パノラマカーの運転開始を宣伝する各務原線の看板。1967.4　Si

急行の廃止と普通列車の削減

特急化の勢いは凄まじく、1967（昭和42）年8月22日にはついに急行の種別を廃止し、運行種別を特急、準急、普通の3種として、特急中心の運転になった。

新岐阜～新名古屋間は時間あたり特急4本、急行2本から特急6本として、新岐阜～新名古屋間の普通を新一宮から準急として急行の停車駅だった駅を補完した。新名古屋～豊橋間は急行を準急化した。

犬山線は1本/時運転の急行を特急化するとともに、乗客の多い新名古屋～岩倉間に準急1本/時を運転して急行停車駅だった駅を補完した。4本/時ある特急は各務原線からの2本/時が常滑あるいは河和線、広見線からの2本/時が三河線へと直通した。三河線では1本/時が知立で豊田市方面、碧南方面へと分割あるいは連絡して、線内は特急として運転された。

河和線でも1本/時運転の急行の準急化が行われた。2本/時運転の特急は、名古屋本線の新岐阜、あるいは各務原線の新岐阜と結んだ運転が行われた。常滑線へは2本/時の特急が運転され、河和線と同様に名古屋本線の新岐阜あるいは各務原線の新岐阜と結んだ運転が行われた。

特に影響が大きかったのは、各駅に停車する普通列車だった。特急増発のため、名古屋本線では毎時1本あった豊明行普通列車が廃止されている。普通列車だけが停車する駅の列車本数は、名古屋近郊でも2本/時、それ以外の地区では1本/時が標準となったが、バスで代替が可能な普通列車停車駅は昼間帯にさらに削減が図られた。

本線系では名古屋本線の東岡崎～伊奈間、牛田、石刀、黒田、東笠松、支線系では河和線の白沢、上ゲ、四海波、布土、犬山線の大山寺の各駅、豊川線、尾西線、広見線の普通列車停車駅、瀬戸線の矢田駅などが2時間に1本程度、犬山線の下小田井、平田橋が1時間に1本程度停車になった。普通列車停車駅でも、名古屋本線の前後、西枇杷島、新川橋、大里など利用者の多い駅は準急の特別停車で対応した。

翌1968（昭和43）年5月12日には尾西線からの直通列車が特急に格上げされ、弥富発着の列車も加えて津島線の特急が4本/時に増強され、2本/時が三河線、2本/時が蒲郡線と結んで運転がおこなわれた。一方、三河線は津島線と犬山線から各2本/時が直通し、三河（海）

支線区でも列車の特急化が進み、普通列車停車駅の停車本数は大幅に少なくなり、昼間帯は2時間に1本しか停まらない駅もあらわれた。1966.12　八百津　Si

東幡豆で行き違う7000系の弥富行特急と3850系の蒲郡行特急。支線区の列車の多くは停車駅を絞り、特急の種別として運行された。1968.6　Si

急行を廃止した1967（昭和42）年8月22日ダイヤ改正の
特急運転系統と新名古屋駅平日昼間帯発車時刻及び時刻表(平日)

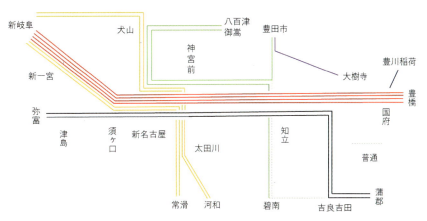

路線	昼間時の基本パターン
名古屋本線東部方面	00 準 美合(本笠寺、有松停車)　05 特 豊橋　07 普 東岡崎　15 特 豊橋　17 特 蒲郡(弥富発)　20 準 鳴海　27 特 碧南・豊田市(御嵩又は八百津発)　30 準 豊橋(本笠寺、有松停車)　35 特 豊橋　37 普 豊明　45 特 豊橋　47 蒲郡(弥富発)　57 特 碧南(御嵩又は八百津発)
名古屋本線西部方面	00 特 新岐阜　02 準 新岐阜(西枇杷島、新川橋停車)　10 特 新岐阜　14 準 新一宮(須ヶ口から普通)　20 特 新岐阜(常滑発)　30 準 新岐阜(西枇杷島、二ツ杁停車)　40 特 新岐阜　44 準 新一宮(新一宮から普通)　50 特 新岐阜(常滑発)
常滑・河和方面	02 準 河和　10 特 常滑((各)新岐阜発犬山経由)　12 普 常滑　25 特 河和(新岐阜発名古屋本線経由)　40 特 常滑((各)新岐阜発犬山経由)　42 普 常滑　55 特 河和(新岐阜発名古屋本線経由)
津島方面	07 特 弥富(鳴海発)　17 普 津島　37 特 弥富(蒲郡発)　47 普 津島
犬山線方面	05 特 (各)新岐阜(河和発)　12 準 犬山(岩倉から普通)　22 特 御嵩又は八百津(碧南発)　25 普 犬山　35 特 (各)新岐阜(河和発)　52 特 御嵩又は八百津(碧南・豊田市)　55 普 柏森

線内の特急は碧南行1本/時、刈谷市行1本/時の運転となった。

定速運転できる7500系限定使用のＳ速度の特急により名古屋本線の時間短縮が図られた1968（昭和43）年8月26日のダイヤ改正では、名古屋本線内の運転は新岐阜～新名古屋間では時間あたり特急6本（4本/時が豊橋、2本/時が上りは河和線に、下りは常滑線から直通）、新名古屋～知立間では時間あたり特急10本（4本/時が豊橋、4本/時が三河線、2本/時が西尾・蒲郡線に直通）が運転されている。反面、頻繁におこなわれていた優等列車の途中駅での種別変更が減少している。

1969（昭和44）年7月6日のダイヤ改正では、毎時1本のＳ速度の特急を快速特急と呼んで知立通過して速度を向上させ、新名古屋～豊橋間50分運転を実現させた。

支線から名古屋本線に直通する特急の運行系統は大きく変わり、津島線に直通していた2本/時の西尾・蒲郡線からの特急は、三河湾国定公園と犬山地区を直結する観光特急と位置づけ、下りは犬山線経由で広見線方面（御嵩又は八百津）、上りは（各）新岐阜から各務原・犬山線経由と変更された。これら列車には冷房車が充当された。広見線方面からの上りと犬山・各務原線経由の（各）新岐阜行の下りは常滑線と結んで運転された。下りは常滑線から直通していた名古屋本線新岐阜行の特急は河和線からに変更され、河和線の特急2本/時はいずれも名古屋本線経由で新岐阜と結んで運転されるようになった。

毎時1本を快速特急として知立を通過し、神宮前～知立間で10本/時の特急を運転した
1969（昭和44）年7月6日ダイヤ改正の特急運転系統と新名古屋駅発車時刻表及び
時刻表（平日）と特急の運行パターン

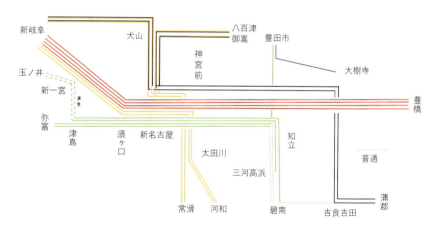

これに対し、犬山線経由で広見線に直通していた三河線からの特急は津島線への直通に変更された。津島線の4本/時の特急はすべてが三河線に直通し、うち海線は碧南と刈谷市止まりを三河高浜に延長した線内特急が2本/時、山線は豊田市方面の特急が1本/時運転された。しかし、過度な特急運転に見直しの機運が生じ、津島線から尾西線に直通する特急は、尾西線内では本数・停車駅はそのままに種別が準急に変更されている。

1969(昭和44)年7月改正の名古屋本線特急運行パターン								
種別	新岐阜	新一宮	新名古屋	金山橋	神宮前	知立	東岡崎	豊橋
特急	10:08	10:19	10:35	10:39	10:42	10:57	11:07	11:28
特急	(津島線から)		10:37	10:42	10:46	11:05	(碧南行)	
特急	10:18	10:29	10:45	10:49	10:52	11:08	11:17	11:42
特急・三河湾号	(犬山線から)		10:52	10:56	10:59	11:15	(蒲郡行)	
特急	10:28	10:39	10:55	10:59	11:03	(河和行)		
特急	(津島線から)		10:57	11:02	11:05	11:27	(特急・三河高浜行)	
特急	10:38	10:49	11:05	11:08	11:11	→	11:34	11:55
特急	(津島線から)		11:07	11:12	11:16	11:36	(碧南/特急・西中金行)	
特急	10:48	10:59	11:15	11:19	11:22	11:38	11:47	12:09
特急・三河湾号	(犬山線から)		11:22	11:26	11:29	11:47	(蒲郡行)	
特急	10:58	11:09	11:25	11:29	11:33	(河和行)		
特急	(津島線から)		11:27	11:32	11:35	12:00	(特急・吉良吉田行)	
特急	11:26	11:15	11:00	10:55	10:52	10:36	10:27	10:05
特急	11:36	11:25	11:10	11:05	11:02	10:46	10:37	10:15
特急	(津島線へ)		11:16	11:10	11:07	10:48	(特・吉良吉田発)	
特急・ライン号	(犬山線へ)		11:18	11:13	11:10	10:52	(西尾線から)	
特急	11:46	11:35	11:20	11:15	11:11	(河和から)		
特急	(津島線へ)		11:27	11:22	11:18	11:00	(碧南発)	
特急	11:56	11:45	11:30	11:25	11:22	11:06	10:57	10:35
特急	12:05	11:54	11:40	11:34	11:31	←	11:08	10:47
特急	(津島線へ)		11:46	11:40	11:37	11:18	(特・三河高浜発)	
特急	(犬山線へ)		11:48	11:43	11:40	11:24	(西尾線から)	
特急	12:16	12:05	11:50	11:45	11:41	(河和から)		
特急	(津島線へ)		11:57	11:52	11:48	11:30	(特/豊田市・碧南発)	

過度な特急重視運転の見直し

停車駅を絞った特急重視の運転は、特急停車駅の利便性は高まる反面、それ以外の駅における利便性は低下した。かつての急行停車駅では停車本数が減少し、この対策として正規の停車駅以外に停車する特別停車を増やしたり、列車種別を頻繁に変更することで対応した。また、普通列車も合理化のかけ声のもと、

普通列車を増発した1970（昭和45）年12月25日ダイヤ改正の特急運転系統と新名古屋駅平日昼間帯発車時刻

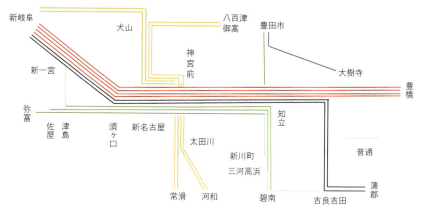

路線	昼間時の基本パターン
名古屋本線東部方面	00 準 東岡崎　05 特 豊橋　07 普 豊明　15 特 豊橋　17 特 豊田市・新川町　19 準 鳴海　25 特 蒲郡　27 準 東岡崎　30 普 豊明　35 特 豊橋　37 特 吉良吉田　45 特 豊橋　49 普 鳴海　55 特 蒲郡　57 特 碧南
名古屋本線西部方面	00 特 新岐阜　10 特 新岐阜　12 特 新岐阜　20 特 新岐阜　25 普 新岐阜　30 特 新岐阜　40 特 新岐阜　42 準 新岐阜　50 特 新岐阜　55 普 新岐阜
常滑・河和方面	02 準 河和　10 特 河和　12 普 太田川　22 特 常滑　32 準 知多半田　40 特 河和　42 普 富貴　52 特 常滑
津島方面	07 特 新一宮　17 準 佐屋　27 特 弥富　37 準 佐屋　47 特 佐屋
犬山線方面	02 特（各）新岐阜　05 普 柏森　15 特 御嵩　22 準 犬山　32 特（各）新岐阜　35 普 柏森　45 特 御嵩　52 準 犬山

利用者の少ない駅を昼間は通過扱いにして2時間に1本しか停車しない駅も少なからずあった。目的地まで逆方向の特急停車駅まで戻って乗車する方が早い駅もあり、そうした乗客のためのUターン乗車券も発売されていた。

　こうした特急指向の運行方針は、特急停車駅以外の利便性が低下したことによる利用者の不満の声や、沿線の宅地化の進行で1970(昭和45)年12月25日のダイヤ改正で過度な特急重視の見直しが行われた。昼間時の普通列車が増発されるとともに、発車時刻の等時隔化、変則停車や通過の削減が行われてわかりやすい時刻となった。特急停車駅も増加し、名古屋本線では座席指定を除く全特急が知立、犬山線でも座席指定を除く全特急が岩倉に停車するようになった。7500系限定使用のS速度の特急はなくなり、知立通過の快速特急も廃止された。

　施設面では、名古屋本線鳴海駅上り副本線と犬山線の岩倉駅下り副本線が新設され、特急と普通の緩急接続が大きく改善された。普通列車は昼間帯で名古屋本線の新名古屋〜鳴海間と津島線の津島〜須ヶ口間が3本/時、名古屋本線の新岐阜〜新名古屋間、東岡崎〜国府間、河和線の太田川〜富貴間、常滑線太田川〜常滑間、各務原線の新岐阜〜三柿野間等11区間が新たに2本/時の運転となった。

　各駅の発車時刻はほとんど等時隔、毎時同時刻発車となりわかりやすくなった。

　名古屋本線の新岐阜〜新名古屋間の特急の運行本数は6本/時で変更はないが、河和線へ直通していた2本/時が西尾・蒲郡線への直通に変更され、2本/時が西尾・蒲郡線に直通していた犬山線の4本/時の特急は、河和線2本/時、常滑線2本/時の運転となった。津島線と三河線を結ぶ特急は3本/時の運転となり、1本は豊田市と新川町(碧南)行を併結した。

　特急重視の運行は、1973(昭和48)年の石油危機により大幅に乗客が増えたこともあって、1974(昭和49)年9月17日に急行の復活を掲げるダイヤ改正で、大きく転換することになる。
(観光列車と座席指定特急の変遷は次回に紹介します)

1970(昭和45)年12月25日ダイヤ改正時刻表(部分)

1965（昭和40）～1977（昭和52）年の線区別優等列車運転の変遷

ダイヤ改正	名古屋本線	常滑線	河和線	犬山線	広見線
1965（昭和40）年 3月21日			休日朝に「南知多号」増発。休日朝特急2本/時運転	定期特急・朝夕4往復運転開始　特急は岩倉・古知野を通過　新名古屋～犬山間最速23分、新鵜沼最速28分	1500V昇圧。最高速度を75km/hに。「日本ライン号」を豊橋から直通運転。今渡駅でライン下り連絡バスに接続。
9月15日	特急を日中に毎時1本増発。毎時4本体制に。1本は東岡崎～豊橋間急行に種別変更。豊橋～新岐阜間で3分短縮。新岐阜～新名古屋間26分、新名古屋～豊橋間54分運転。新一宮で特急と急行を種別変更する列車を設定。新一宮～新名古屋間は特急6本/時運転。	上り3本、下り2本の特急を新設。新名古屋～常滑間39分運転。		特急2本/時を設定。1本が各務原線、1本が広見線八百津・御嵩に直通。特急の新名古屋～犬山間無停車運転は休日の観光列車だけに。	昼間帯に三河線への特急を1本/時設定。犬山線、名古屋本線を経て知立で豊田市・吉良吉田方面の列車を分割・併結。各務原線への直通特急も運転。
12月15日	新名古屋～豊橋間にキハ8000系によるディーゼル特急運転開始（12月30日）	特急を8.5往復に増加。昼間帯はほぼ1時間毎に運転。			
1966（昭和41）年 3月25日	観光特急「いらこ号」平日にも運転、「日本ライン号」を東海道本線の急行「中伊豆」に接続し、浜松、静岡方面からの旅客の便を図るキハ8000系によるディーゼル特急を夕方にも運転	特急を尾西線弥富に延長（新名古屋から普通）	観光特急「南知多」3本を平日にも運転	下りが名古屋本線、上りは1本名古屋本線、1本が犬山線との使用開始。	犬山～八百津間特急を4分短縮
12月25日	昼間帯特急増発　名古屋～豊橋間特急4本/時運転　東岡崎～新一宮間で8両編成運転開始	特急1本/時運転。下りが名古屋本線、上りが犬山線と結んで運転。	特急2本/時運転開始。下りが名古屋本線、上りは1本名古屋本線、1本が犬山線と結んで運転。パノラマカーの運転開始	特急3本/時、急行1本/時運転。広見線へ直通する2本は岩倉、古知野を通過し犬山まで無停車。1本は各務原線に直通。	特急2本/時運転。広見線へ直通する列車は岩倉、古知野を通過して犬山まで無停車。
1967（昭和42）年 4月10日	7000系3次車4連5本（7013～24編成）竣工により、西尾、蒲郡、津島、尾西、常滑、広見、各務原の各線でパノラマカーの運転開始。7500系3次車モ7570形4両の製造により1次車4本を8連化。名古屋本線で8両運転開始。				
8月22日	急行を廃止、列車種別を特急、準急、普通の3種に。				
	新岐阜～新名古屋間が特急4本、急行2本から特急6本（内1本一宮から準急）新名古屋～豊橋間が特急4本、急行1本から準急1本に	急行を格上げ、特急を2本/時に増発。下りは（各）新岐阜発犬山線経由、上りが名古屋本線経由新岐阜行。	特急2本、急行1本/時が特急2本、準急1本/時に。特急は下りが（各）新岐阜発犬山線経由、上りが名古屋本線経由（各）新岐阜行。	特急4本、岩倉～新名古屋間の準急1本に。特急2本/時は広見線～三河線、特急2本/時は上り常滑線　下り河和線直通	特急2本/時は三河線に直通
1968（昭和43）年 5月12日				最高速度を110km/hに向上	

各務原線	津島線	三河線	西尾・蒲郡線	観光列車	その他
			最高速度を80km/hから90km/hに引き上げ。「三河湾号」時間短縮。休日には5500系4連で運転。	豊橋〜犬山線の「ラインパーク号」を「日本ライン号」と改称。常滑線からの「ライン号」廃止。5月13日から（各）新岐阜発広見線方面への観光特急「ライン号」を毎日運転。6月1日〜9月30日「犬山鵜飼号」運転、定期列車の名称変更。	
昼間帯に特急を1本/時設定。犬山線に直通。広見線への直通特急も運転。		犬山線と名古屋本線新岐阜から直通。名古屋本線から海線への直通運転が2本/時に増加。豊田市への直通運転1本/時新設。知立で吉良吉田方面と豊田市方面を分割併合。（名古屋本線内特急、線内普通）	昼間帯に特急・急行1本/時を新設。名古屋本線に直通。（栄生発着）	新鵜沼発豊橋行「日本ライン号」運転開始。（各）新岐阜発広見線方面への「ライン号」を増発。	
	特急の運転開始 昼間帯5往復 新名古屋〜津島間を32分から19分に短縮			（各）新岐阜発「ライン号」は休日のみに変更	1966（昭和41）年3月16日 瀬戸線に特急設定
犬山〜（各）新岐阜間特急を2分短縮 特急の行先を美合、東岡崎に延長（新名古屋から急行）		【海線】名古屋本線との直通列車2本/時の内、1本/時を線内も特急として運転。刈谷、刈谷市、三河高浜、北新川に停車。【山線】名古屋本線との直通列車1本/時を線内も特急として運転。土橋、上挙母に停車。いずれも線内「快速特急」の標板を掲出	三河湾号を含む上り5本下り6本の直通特急に線内「快速特急」の標板を掲出。	名古屋本線の「いらこ号」、河和線の「南知多号」を平日にも運転。「南知多号」を3本に増強。休日観光特急 4月17日から御嵩行「鬼岩号」、10月1日から八百津行「疎水湖号」運転。	挙母線に1本/時の特急を設定。トヨタ自動車前、上挙母に停車し、大樹寺〜豊田市間を18分で運転。豊川線に1本/時の特急を設定・諏訪町のみ停車。鎌谷・東知立・塩津・三河鹿島は一部普通通過。名古屋本線豊橋への普通は伊奈折り返し。
特急1本/時運転。下りが常滑線、上りが河和線と結んで運転。	特急2本/時運転。西尾・蒲郡線に直通。	特急は広見線と直通	名古屋本線直通特急を2本/時に増強。1本は線内今村〜西尾間急行、西尾〜蒲郡間普通で運転。津島線に直通。		
急行を廃止、列車種別を特急、準急、普通の3種に。					
急行を格上げ、特急2本/時に増加 上り常滑線下り河和線直通		栄生発着の「三河湾号」を新岐阜、弥富に延長		「いらこ号」「はまなこ号」「鳳来号」廃止。	
	尾西線からの直通列車2本/時を特急に格上げ。（尾西線内は特急1本/時、普通1本/時）特急4本/時運転。普通は2本/時を須ヶ口で接続。		線内特急を2本/時に増加	5月1日から河和〜篠島〜伊良湖〜鳥羽間の水中翼船に接続する「南知多号」1往復を「しおさい号」に変更。伊良湖行バスに接続する豊橋行「しおさい号」を通年設定。5月12日から小牧線明治村口に直行する新岐阜〜明治村口間「明治村号」、休日に豊橋〜新鵜沼間に「ラインパーク号」運転開始。	豊川線に名古屋本線直通準急1本/時設定、諏訪町と市田に停車

第7章 名鉄高速電車変遷史-3

ダイヤ改正	名古屋本線	常滑線	河和線	犬山線	広見線
8月26日	定速運転できる7500系を限定使用したS速度特急により所要時間の短縮。4本/時の豊橋特急のうち、1本を新名古屋～豊橋間で3分短縮し、新岐阜～新名古屋間25分、新名古屋～豊橋間52分で運転。		休日に特急7本増発		
1969（昭和44）年7月6日	S速度特急　1本/時を知立通過として、新名古屋～豊橋間を50分で運転。快速特急と呼称 新岐阜発着特急2本/時は河和線に直通。	特急2本/時は犬山線に直通、上りは広見線、下りは各務原線に運転	特急2本/時は名古屋本線経由新岐阜に直通	特急4本/時は2本が常滑線、2本が西尾・蒲郡線に直通。西尾・蒲郡線直通列車には冷房車を充当し、犬山と三河湾国定公園を直結する観光特急と位置づけ	特急2本/時は上りは常滑線に、下りは西尾・蒲郡線から直通
1970（昭和45）年5月25日	新岐阜発着の朝夕の座席指定特急運転開始		河和発着の朝夕の座席指定特急運転開始	新鵜沼発着の朝夕の座席指定特急運転開始	新広見発着の朝夕の座席指定特急運転開始
12月25日	特急重視のダイヤから方針転換　普通列車を増発、発車時刻の等間隔化（優等列車は線区毎に15分、30分間隔、普通列車は30分間隔）、変則停車や通過の削減					
	快速特急を廃止し、特急の全線所要時間を81分に。（新岐阜～新名古屋間26分、新名古屋～豊橋間54分運転）鳴海駅に上り副本線新設。緩急接続を改善。特急停車駅を見直し、座席指定を除く全列車が知立に停車。新岐阜発着河和線への直通特急が西尾・蒲郡線直通に変更。	直通特急4本/時は犬山線との直通に変更（（各）新岐阜→常滑→御嵩→河和→（各）新岐阜） 太田川～常滑間準急を普通化	太田川～知多半田間普通増発	岩倉駅に下り副本線新設。緩急接続を改善。特急停車駅を見直し、座席指定を除く全列車が岩倉に停車。特急4本/時は常滑線2本、河和線2本／時に変更。普通列車は2本/時運転	直通特急2本/時は常滑・河和線との直通に変更（（各）新岐阜→常滑→御嵩→河和→（各）新岐阜
1971（昭和46）年12月27日					
	急行の復活（206本）、座席指定特急の等時隔化、変則停車の削減				
1974（昭和49）年9月17日	豊橋行特急2本を急行化。鳴海と新安城に停車する新岐阜～美合間のローカル特急2本/時を設定。特急停車駅に国府宮を追加。	特急の系統を御嵩1本/時、（各）新岐阜1本/時に変更	犬山線直通列車を新鵜沼行に変更	河和直通列車を新鵜沼行に変更。特急停車駅に古知野（現・江南）を追加。	犬山線直通列車を1本/時に削減　常滑発着に変更
1975（昭和50）年9月16日	8両編成列車を朝11本から18本、夕方8本から13本に増強		犬山線への特急2本/時を急行に変更	河和線への特急2本/時を急行に変更	
	座席指定のない特急を高速と呼称、高速の列車種別を設定				
1977（昭和52）年3月20日	新岐阜～豊橋間の一般特急を高速に変更	常滑～御嵩、常滑～（各）新岐阜系統の一般特急を高速に変更		常滑線への一般特急2本/時を高速に変更	常滑線への一般特急1本/時を高速に変更

各務原線	津島線	三河線	西尾・蒲郡線	観光列車	その他
	特急4本/時の内、2本/時を三河線、2本/時を西尾・蒲郡線直通に変更。	新名古屋〜刈谷市間特急増発（三河線直通特急は4本/時で15分毎に運転）線内特急刈谷市、碧南行 各1本/時、豊田市 1本/時 主に津島・尾西線に直通	「三河湾号」増発 6往復に。10月28日から犬山と蒲郡の連絡強化し、「三河湾号」の一部を「ライン号」と改称。	「三河湾号」増強 6往復に。10月28日から犬山と蒲郡の連絡強化し、パノラマカーの運転として13本に増強。「三河湾号」の4本を「下呂号」「ライン号」と改称。	1969（昭和44）年1月11日から今渡で濃飛バスに接続する「下呂」号の運転開始
特急2本/時は上りは西尾・蒲郡線に、下りは常滑線から直通	特急4本は三河線に直通 尾西線津島以北の特急を準急に変更	1本/時の刈谷市行特急を三河高浜に延長 直通特急はすべて津島線に	特急2本/時 は上りは犬山経由各務原線から、下りは犬山線経由広見線に直通。9月に蒲郡線の最高速度を95km/hに引き上げ	3月21日から「南知多号」「日本ライン号」「ラインパーク号」「鬼岩号」「三河湾号」「くらがり号」1往復を座席指定化。「南知多号」「日本ライン号」は通年運転。その他は5月5日まで運行の後、7月6日から年間を通して休日に運転	豊川線の特急廃止
		朝夕の座席指定特急運転開始（8月17日から）			
直通特急2本/時は常滑・河和線との直通に変更（(各)新岐阜→常滑→御嵩→河和→(各)新岐阜	特急を3本/時に削減。全列車三河線に直通。	直通特急3本/時に削減。1本は豊田市と新川町行を併結。線内特急は海線は三河高浜まで2本/時、碧南まで1本/時、山線は1本/時	直通特急2本/時は名古屋本線新岐阜発着に変更	12月25日から座席指定特急の名称を原則として駅名あるいは地名に番号をつけ、最後に号を付けるように変更。朝の岐阜行「三河湾号」を「金華号」と名称変更。無料の観光列車廃止。	豊川線の名古屋本線直通運転を廃止。準急は朝夕線内に限定
	三河線直通特急に7300系を使用。	知立〜碧南間速度向上で新川町折返し列車を碧南まで延伸。海線2本/時の線内特急の1本を準急化（特急と比べ新川町、高浜港に停車）7300系の使用を開始	西尾線の最高速度を100km/hに引き上げ		1973（昭和48）年3月4日拳母線特急廃止（廃線による）
急行の復活、座席指定特急の等時隔化、変則停車の削減					
犬山線直通列車を1本/時に削減 常滑発着に変更	3本/時あった特急が1本/時、急行が1本/時となり、特急は森上始発として西尾・蒲郡線と結んで運行	名古屋本線の直通特急大幅削減。3本/時の特急が朝夕1本/時に変更し残りは急行化して1本/時運転。線内特急は急行化で海線2本/時、山線1本/時運転	特急を1本/時に削減し、津島、尾西線と結んで運行	座席指定特急を等時隔化	1974（昭和49）年3月17日 尾西線六輪〜森上間複線化（津島〜森上間複線化）により名古屋〜森上間に特急8往復運転。
	森上〜蒲郡系統の特急の津島・尾西線内を急行に変更			―	1973（昭和48）年11月12日からキハ8000系で運転されていた豊橋→津島線特急を豊橋→犬山線に変更
座席指定のない特急を高速と呼称、高速の列車種別を設定					
常滑線への一般特急1本/時を高速に変更	森上〜蒲郡系統の急行の尾西線内を普通化	残っていた名古屋本線直通特急を急行に変更 線内特急全廃。山線の急行廃止、全列車普通列車化。	直通特急を急行に変更		名古屋本線から豊川線直通高速（上り）、急行（下り）を2往復限定

服部重敬（はっとりしげのり）

1954年名古屋市生まれ。1976（昭和51）年名古屋鉄道入社。NPO法人名古屋レール・アーカイブス設立発起人のひとりで現在4代目理事長、一般財団法人地域公共交通総合研究所研究員。
1980年代にまちづくりにおける軌道系交通のあり方に関心を持ち、世界の都市交通の調査・研究を進め、次世代型路面電車（LRT）の動向を中心に、寄稿、講演などを通じて各方面に情報を発信している。近年は「国鉄時代」「蒸機の時代」「レイル」誌などに国内外鉄道記事の寄稿や写真提供も多い。また、名古屋レール・アーカイブスを通して名古屋鉄道の記念乗車券の制作にも協力している。
主な著書に「名古屋市電」（ネコ・パブリッシング/2014年島秀雄記念優秀著作賞受賞）、「名古屋市営交通の100年」「富山県の鉄道」（フォト・パブリッシング）、「汽車・電車・市電－昭和の名古屋鉄道風景」（トンボ出版）、「路面電車新時代－LRTへの軌跡」（編著、山海堂）、「LRT」（共著、成山堂）、「世界のLRT」（共著、JTBパブリッシング）などがある。

NPO法人名古屋レール・アーカイブス

貴重な鉄道資料の散逸を防ぐとともに、鉄道の意義と歴史を正しく後生に伝えることを目的に、2005（平成17）年に名古屋市で設立。2006（平成18）年にNPO法人認証。所蔵資料の考証を経て報道機関や出版社・研究者などに提供するとともに、展示会の開催や原稿執筆などを積極的に行う。本誌に掲載している白井 昭氏、倉知満孝氏、小林磐生氏、J.W.Higgins氏等の写真や資料は、いずれもNPO法人名古屋レール・アーカイブスでデジタル化して保存されている。

昭和～平成時代の名古屋鉄道 第3巻
常滑線・河和線・知多新線

発行日	2024年12月27日　第1刷　※定価はカバーに表示してあります。
著者	服部重敬
発行人	福原文彦
発行所	株式会社フォト・パブリッシング
	〒171-0032　東京都豊島区雑司が谷3-3-25
	TEL.03-6914-0121　FAX.03-5955-8101
発売元	株式会社メディアパル（共同出版者・流通責任者）
	〒162-8710　東京都新宿区東五軒町6-24
	TEL.03-5261-1171　FAX.03-3235-4645
デザイン・DTP	柏倉栄治（装丁・本文とも）
印刷所	株式会社サンエー印刷

この印刷物は環境に配慮し、地産地消・輸送マイレージに配慮したライスインキを使用しているバイオマス認証製品です。

ISBN978-4-8021-3499-6 C0026

本書の内容についてのお問い合わせは、上記の発行元（フォト・パブリッシング）編集部宛てのEメール（henshuubu@photo-pub.co.jp）または郵送・ファックスによる書面にてお願いいたします。